# 基于文本分析的
# 专业英语翻译研究

程前光◎著

中国纺织出版社

## 内 容 提 要

本书首先研究了翻译的基本知识点，如定义、过程、分类、标准、翻译对译者的素质要求、中西方翻译理论等，然后探讨了英语文本的定义、分类、语言分析、基本翻译方法，在此基础上探究了英语商务文本、广告文本、科技文本、旅游文本、新闻文本、法律文本、医学文本的翻译，每章首先分析了该文本的语言特征，在此基础上研究其翻译的方法。从文本分析角度入手来研究专业英语的翻译是本书的鲜明特色，书中深入浅出地分析了翻译的理论知识，同时与一定的翻译实践相结合，重点分析了当前社会上人们比较关注的几种文本类型的翻译。本书内容全面系统，条理清晰，结构合理，理论与实践并重，兼具学术性和可读性，是一本值得学习研究的著作。

**图书在版编目(CIP)数据**

基于文本分析的专业英语翻译研究 / 程前光著. -- 北京：中国纺织出版社，2018.9（2024.2重印）
ISBN 978-7-5180-2695-1

Ⅰ. ①基… Ⅱ. ①程… Ⅲ. ①英语－翻译－研究 Ⅳ. ①H315.9

中国版本图书馆 CIP 数据核字(2016)第 122124 号

---

责任编辑：姚　君　　　　责任印制：储志伟

---

中国纺织出版社出版发行
地址：北京市朝阳区百子湾东里 A407 号楼　邮政编码：100124
销售电话：010－67004422　传真：010－87155801
http://www.c-textilep.com
E-mail:faxing@e-textilep.com
中国纺织出版社天猫旗舰店
官方微博 http://www.weibo.com/2119887771
北京兰星球彩色印刷有限公司印刷　各地新华书店经销
2018 年 9 月第 1 版　2024年2月第8次印刷
开本：710×1000　1/16　印张：17
字数：220 千字　定价：75.00 元

---

凡购本书，如有缺页、倒页、脱页，由本社图书营销中心调换

# 前　言

作为一种跨语言的交际行为，翻译活动必然涉及对文本的恰当处理。在过去的翻译实践中，翻译针对的对象大部分是文学文本，研究的重点也主要是“原文”与“译文”的忠实传达。但在当今时代，信息的高度发达使得人们越来越多地关注实用文本类型的翻译，以往传统的、用于文学文本翻译的标准已经不再适用于所有的文本。为此，德国功能主义学派的代表人物塔琳娜·莱思(K. Reiss)提出了文本类型分析理论。她根据功能语言学家卡尔·布勒(K. Buhler)的语言功能三分法将文本类型划分为三类：信息型、表情型、操作型。根据文本类型的分析，相关学者提出信息型文本的目的在于传递事实、观点，翻译时使用简单明了的文字即可；表情型文本重在表现情感、态度，带有一定的美学色彩，故翻译时可进行仿效；操作型文本旨在影响读者采取一定的行动，可使用编译或其他方式进行翻译。简言之，翻译过程中的文本分析实质上是分析语言在某语境中的功能表现，并以此采取合理的翻译策略。可见，文本分析为翻译研究提供了一条新的途径，该理论可以帮助译者根据文本的功能采取恰当的翻译方法。在此理论背景下，作者精心策划并撰写了本书，以有助于我国翻译体系的完善和发展。

本书共有十一章。第一章翻译综述针对翻译的定义、过程、分类、标准以及翻译对译者的素质要求展开详细分析。第二章探讨了中西方的翻译理论。第三章和第四章主要研究了英语文本的定义、分类、语言分析、基本翻译方法，为下述章节的展开做好了充分的理论铺垫。第五章至第十一章是本书的主体部分，主要对英语商务文本、广告文本、科技文本、旅游文本、新闻文本、法律文本、医学文本的翻译展开论述，每章首先分析了该文本的语言特征，在此基础上研究其翻译的方法。

从文本分析角度入手来研究专业英语的翻译是本书的鲜明特色，书中深入浅出地分析了翻译的理论知识，同时与一定的翻译实践相结合，重点分析了当前社会上人们比较关注的几种文本类型的翻译，可有效帮助那些对翻译感兴趣的学习者提升自身的翻译技能和水平。

在成书过程中，作者得到了同行学者的鼎力支持，对他们提出的宝贵意见表示诚挚的谢意。书中所引用内容的参考文献已在书后一一列出，如有遗漏敬请谅解。由于时间仓促且作者水平有限，书中难免存在疏漏之处，在此恳请广大读者不吝指正。

**编　者**

2017 年 3 月

# 目 录

# 第一章　翻译综述

自改革开放以来，我国的翻译研究取得了重大的发展。如今的翻译在质量上得到了大幅度的提升，对我国的贡献也是非常显著。翻译是国家之间进行沟通的桥梁，在全球化步伐不断加大的现代社会，国家之间政治、经济和文化往来也变得越来越频繁，那么翻译的功能就相应地变得越来越强大和突出。本章作为一个开篇章节，主要是梳理有关翻译的基本概念，包括翻译的定义、过程、分类、标准以及翻译对译者的素质要求，以期让读者对翻译有一个初步的了解。

## 第一节　翻译的定义与过程

### 一、翻译的定义

一听到“翻译”二字，人们就想知道它的真正含义。翻译究竟是什么？这是一个见仁见智的问题。国内外众多专家学者都对“翻译”下了定义，以下将介绍其中较具代表性的几个。

#### （一）国外学者的定义

塞缪尔·约翰逊（Samuel Johnson）这样来定义翻译：To translate is to change into another language，retaining as much of the sense as one can. [①]

---

① 何江波．英汉翻译理论与实践教程[M]．长沙：湖南大学出版社，2010：2.

英国著名翻译理论家卡特福特(J. C. Catford)认为,翻译是用译语的等值文本材料去替换源语的文本材料。[①]

苏联翻译理论家费道罗夫(Fedorov)认为,一种语言的内容和形式在高度统一的基础上传达着某些信息,翻译就是用另外一种语言将这些信息传达出来。[②]

美国著名翻译理论家尤金·奈达(Eugene A. Nida)对翻译所下的定义是:翻译是在目的语中寻找和源语信息无限接近并且自然的对等话语,首先是意义上的对等,其次才是风格上的对等。

苏联翻译理论家巴尔胡达罗夫(Barkhudarov, M. R. )认为,翻译是在保持内容或者意义不变的前提下,将一种语言的言语产物转换为另一种语言产物的过程。

彼得·纽马克(Peter Newmark)对翻译所下的定义为:"Translation is a craft consisting in the attempt to replace a written message and/or statement in one language by the same message and/or statement in another language. Translating is rendering the meaning of a text into another language in the way the author intended the text. "(翻译就是把一个文本的意义按作者所想的方式移译入另一种语言。)

沃尔弗拉姆·威尔斯(Wilss)这样来给翻译下定义:"Translation leads from a source-language text to a target-language text which is as close an equivalent as possible and presupposes an understanding of the content and style of the original."

根据斯莱普(Slype)的观点,翻译是用目的语写的文本代替用源语写的文本的过程,旨在达到意义上最大程度的对等。

### (二)国内学者的定义

《辞海》对翻译下的定义是:翻译是把一种语言文字的意义用另外一种语言文字表达出来。

---

① 何江波. 英汉翻译理论与实践教程[M]. 长沙:湖南大学出版社,2010:2.

② 同上,第3页.

林煌天认为,翻译是语言活动的一个构成要素,是指把一种语言或语言变体转换为另一种语言或语言变体的过程或结果,也可以说是把一种语言材料构成的文本用另一种语言准确而完整地再现出来。

张今认为,翻译是两个语言社会(language-community)之间的交际过程和交际工具,它的任务是要把原作中包含的现实世界的逻辑映像或艺术映像,完整地从一种语言移注到另一种语言中去,从而达到促进本语言社会的政治、经济和文化进步的目的。

张培基也对翻译下过定义,他认为翻译是运用一种语言准确而完整地把另一种语言所表达的思维内容重新表达出来的语言活动。

中国现代学者徐永煐这样来定义翻译:翻译是用一种语言来表达原作者用另一种语言表达的思想。

中国当代学者王以铸将翻译定义为:优秀的翻译不是将原文的一字一句硬搬过来,而是传达原来文章的神韵。

孙致礼认为,翻译是用一种语言传达另一种语言所表达的意义,以达到交流思想情感、传播文化、推动社会文明,特别是促进译语文化发展的目的。

### (三)对定义的归类

#### 1. 传统语文学定义

在起初阶段,学者们纷纷强调,翻译是语言之间的转换活动。例如,《韦伯斯特新大学词典》给翻译所下的定义其实不但没有抓住翻译的实质,而且没有涉及翻译的社会价值(即文化交流)等相关问题。基于这样的定义,当英语单词 eraser 被翻译成"粉笔"时,也实现了从英语到本族语的转化,但这种转化却是错误的。这个例子表明,符合该定义的翻译不一定是真正的翻译。这种翻译的定义就属于传统语文学的范畴,不具备足够的科学性。

2. 现代语言学定义

在一段时间的研究和摸索之后，翻译学者们逐渐发现语言之间的转换只是一种表面现象，翻译更加注重传递原作的内容。卡特福特的定义开始意识到原文和译文的内容等值。然而，由于学者们对原文内容存在着不同的看法，如对意义、概念、观点、精神实质等持不同观点，所以对翻译所下的定义也有所不同。斯莱普的定义具有一个显著的优点，那就是他的定义首次运用了“源语”和“目的语”两个较科学的术语，并且也明确地揭示了翻译要实现的目标，即最大程度的意义对等，该定义又进一步靠近了翻译的本质。

3. 交际学定义

由于现代语言学的迅猛发展，交际学便作为现代语言学的一个重要分支而产生。在交际学盛行的时期，很多学者都认为翻译是一种交际。也就是说，人们对翻译实质的认识又更加深入了。一个典型的例子就是尤金·奈达对翻译所作的定义，该定义的一个明显优点是将交际学中的信息论引入翻译理论。后来，奈达还明确地强调翻译就是交际。

4. 文化学定义

又经过了一段时间之后，学者逐渐意识到翻译活动的社会历史意义。有学者认为，翻译是双向文化交流的一种主要形式，和其他形式没有太大区别。翻译的实用性和目的性也因此更加清晰，它类似于鲁迅所言的“拿来”和“吸收”的原则。当对翻译概念的理解上升到这种层面之时，翻译活动才有可能自觉地注意到较高程度的文化交流，王克非为翻译下的定义就可以归为这一范畴。经过比较以上定义范畴发现，文化学定义和翻译的实质是联系最紧密的。

5. 跨学科定义

近年来，国外的翻译学界犹如一个百花齐放、争奇斗艳的大花园，其中不仅存在文化学派，还存在目的学派、诠释学派、操纵学派以及解构学派等。这些学派从不同维度研究翻译，也因此使得翻译研究的范围变得更大，同时使得人们对翻译本质的认识不断深化。所以，在跨学科定义时期，学者们倾向于从多个学科和角度来界定翻译。但不能笼统地认为跨学科的定义更接近翻译的实质，因为还要看是与哪些学科的结合。侯林平的翻译定义就是交际学与文化学这两个学科的结合，它是最接近翻译本质的一种跨学科定义。

经过分析上述翻译的定义可知，它们虽然有着不同的描述方式，但是仍然可以总结出它们之间的共同点，那就是翻译是语言之间的转换活动。它主要有以下三个特征。

(1)翻译作品在信息和风格方面要与源语作品等值。

(2)上面所说的等值应该是无限的接近，而不是机械地生搬硬套。如果只是一味追求形式上的对等，反而会使得某些更重要的东西消失。

(3)不同体裁的作品具有各自的独特性，翻译的时候不能千篇一律，也就是要注意文体特征的差异。

结合上面所论述的内容可知，翻译是将一种语言所传达的意义转换成另一种语言的跨文化交际行为。译者要真正做到准确地传达和再现原文，就不能对内容做任何增添或删减。也可以说，翻译要具有准确性和表达性。准确性是翻译的前提条件，译者必须要完全忠实于原作者的意思，这就决定了译文所选用的字词和句式必须忠实于原文的思想，做到明确无误；表达性是指译文要清晰易懂、生动形象，换言之，译者必须通过自己的方式清晰明白地表达出原文的思想。

## 二、翻译的过程

翻译的过程是正确理解原文和创造性地用另一种语言再现原文的过程，其包括理解、表达和校核三个阶段。在翻译过程中，理解与表达互相联系、往返反复，因此不能截然分开。理解是表达的前提，没有正确的理解就没有确切的表达。当译者在理解的时候，他有意识或无意识地在选择表达手段；当译者在表达的时候，他又进一步加深了理解。无论是哪两种语言之间的翻译，译者都需要反复推敲一个句子、一个段落、一篇文章的处理方法。

## (一)理解阶段

译者通过分析原文的上下文来达到正确的理解，也必须据此来探求正确译法。要想实现确切的翻译，必须透彻地理解原文，这需要译者注意下列几点。

### 1. 理解语言现象

译者必须根据上下文的联系去理解原文的词汇含义和句法结构等。例如：

Suddenly the line went limp. "I'm going back," said Kurth. "We must have a break somewhere. Wait for me. I'll be back in five minutes."

引爆电线突然耷拉下来。库尔思说："我回去看看。一定是哪个地方断了。等一等，我五分钟就回来。"

在上面的例子中，有人把"We must have a break somewhere."误译为"我们必须找个地方休息一下"。出现这种翻译错误的原因是他没有根据上下文的联系去理解 break 的含义。break 是一个多义词，它既可表示"断"，又可表示"休息"。

### 2. 理解逻辑关系

要想达到对原文的透彻理解，译者还必须通过上下文的联系去理解原文的逻辑关系。原文里的一个词、一个词组或一个句子或许有着不同的含义，译者需要通过仔细分析来龙去脉、估计实际情况来选择最准确的译法。理解了逻辑关系，译者有可能理解按原文语法关系所不能理解的问题。例如：

By the first evening, the number of Germans on the island had been more than doubled, and was progressively reinforced—by parachute drop, by glider, and, from the second evening onward, by troop carriers.

第一天晚上,岛上的德国人增加了一倍以上,并且仍然不断地用空投和滑翔机运来,从第二天晚上起,还用运输机运来。

在上述例子中,carriers 可以表示"运输机",也可以表示"运输舰"或"航母"。然而,原文的上文是"这次空中袭击是出乎意外的",下文是"这些飞机开始在被占领的机场降落",因此根据上下文的逻辑关系来判断,carriers 应当表示"运输机"的意思。

3. *理解原文所涉及的事物*

有时候也会出现这种情况:译者能正确分析原文的语言现象和逻辑关系,但由于没有透彻理解原文所涉及的客观事物,尤其是一些特有的事物、历史背景、典故或专业术语等,也无法进行正确的翻译。例如:

John can be relied on. He eats no fish and plays the game.

约翰为人可靠,他既忠诚又正直。

在本例中,to eat no fish 是典故,在英国伊丽莎白女王时代,耶稣教徒为了表示对政府忠诚,拒绝遵守反政府的罗马天主教徒在星期五只吃鱼的习俗,因此该典故是指"忠诚"的意思。to play the game 是习语,转义为"公平对待"、"为人正直"等。有的译者因为对上述两者不了解,就将后面一句直译为"他一向不吃鱼而且经常玩游戏"。因此,不知不觉就犯了可笑的错误。

### (二)表达阶段

在表达阶段,译者需要将自己对原文内容的理解用另一种语言重新表达出来。表达的好坏在很大程度上取决于对原文理解的深度以及具有的译文语言修养。

理解极大地影响着表达,但理解正确并不一定能够保证表达正确。因为表达的具体方法和技巧也是一个需要思考的问题，概括起来主要有以下两种表达方法。

1. 直译

直译，就是在满足译文语言条件的基础上，既保持原文的内容，又保持原文的形式，尤其是保持原文的修辞特色和文化内涵等。需要注意的是，直译不是一字一字地死译或硬译。例如：

But I hated Sakamoto, and I had a feeling he'd surely lead us both to our ancestors.

但是我恨坂本，并预感到他肯定会领着咱们去见祖先。

在本例中，译者将... he'd surely lead us both to our ancestors 直译成"……他肯定会领着咱们去见祖先"，在满足通顺要求的同时，既保持了原文的内容，又保存了原文的比喻手段。相反，如果将其意译为"……他肯定会领着咱们去送死"，虽然在通顺的基础上保持了原文的内容，但失去了原文的形式。

2. 意译

每一个民族都有着独特的语言现象，其具体表现在词汇、句法结构和表达方式上。当原文内容与译文的表达形式发生分歧的时候，就应采用意译的方法。然而，意译也是讲求一定规则的，它要既能正确表达原文的内容，又不拘泥于原文的形式。例如：

Don't cross the bridge till you get to it.

不必担心太早。（不必自寻烦恼。）

在本例中，如果将这句话直译为"到了桥边才过桥"，读者就会感到莫名其妙，因此意译法是一个理想的选择。

需要指出的是，在满足准确传达原文内容和遵守译文语言规范的条件下，直译法是一个不错的选择。直译法不仅有助于保持原文的风格，而且有助于引进外国的一些新鲜词语、句法结构和表达方式，进而丰富、完善源语语言。例如，现代汉语中常见的"一石双鸟"、"掉鳄鱼眼泪"、"连锁反应"等就是来自于对 to kill two birds with one stone, to shed crocodile tears 和 chain reaction 的直译。

在我国翻译界，关于直译法和意译法的争论已经存在了几十年。其实直译和意译都有其运用的条件和场合，超出了使用限度，直译就会变成令人不解的死译或硬译；意译就会变成随意发挥的乱译，过犹不及。

3. 直译和意译相结合

不同的语言表现出不同的特点，具体来说，也就是词汇、语法、惯用法、表达方式等方面存在着不同之处。在具体的翻译实践中，要灵活采取不同的翻译手段，量体裁衣。直译和意译的最终目的都是为了准确再现原文的内容和形式，殊途同归，二者并不矛盾。译者如果能够把两者结合起来，用两条腿走路，就会使翻译更加顺利。有的学者认为，一部优秀的翻译作品总是体现着直译和意译的结合。例如：

She didn't like him much, but if she went out with him, it'd be one in the eye for Kath.

她并不怎么喜欢他，可是如果她跟他一起出去玩，那倒可以让凯丝心中感到不是滋味。

上述例子也同时兼用直译法和意译法。to be one in the eye 原指“击拳时眼上被击了一拳”，如果把 it'd be one in the eye for Kath 直译为“那倒可以给凯丝眼上击一拳”，貌似通顺，事实上词不达意，因此将其意译为“那倒可以让凯丝心中感到不是滋味”，就更加接近原文的意思。

Ruth was upsetting the other children, so I showed her the door.

鲁丝一直在扰乱别的孩子，我就把她撵了出去。

在上述例子中，前一部分是直译，后一部分是意译。如果将 so I showed her the door 直译为“我把她带到门口”或“我把门指引给她看”，就不符合上下文的逻辑。

### (三)校核阶段

校核阶段是对理解与表达阶段的进一步深化,在此阶段译者要进一步核实原文内容以及进一步推敲译文语言。然而,无论在翻译时如何小心谨慎,难免会有漏译或误译的地方。因此,校核就显得非常必要。在校核阶段需要注意以下几个事项。

(1)校核译文在人名、地名、日期、方位、数字等方面有无错漏。

(2)校核译文中重要的词语、句子、段落有无错漏。

(3)修改译文中译错的词语、词组和句子。

(4)避免译文中出现冷僻的词汇或陈腔滥调,力求译文段落、标点符号正确无误。

(5)通常必须校核两遍。第一遍着重校核内容,第二遍着重润饰文字。如果时间允许,再把已校核两遍的译文对照原文通读一遍,做最后一次的检查、修改,务必在解决所有问题后再定稿。

## 第二节　翻译的分类与标准

### 一、翻译的分类

翻译理论界早就开始对翻译进行切分,并且随着研究深度和广度的增加,翻译分类的方法也在不断改进。对翻译进行分类,有利于研究者深入了解翻译的本质特征,进而找到翻译的运行规律。但是如果切分不当,容易对翻译研究造成严重的不良影响。在此,笔者采用归结注意方法对翻译现象进行类型的划分,以避免将翻译肢解得支离破碎。

首先,翻译可以分为口译和笔译,二者又再次可以划分出更多的领域,如广告翻译、文学翻译、法律翻译等。

其次，根据功能的不同，翻译可以分为说明性文本和非说明性文本翻译，二者又可以再次进行划分，如说明性文本可以分为说明书、工具书等，非说明性文本可以分为诗歌、散文等。

## 二、翻译的标准

翻译的标准是翻译实践的准绳和衡量译文水平高度以及好坏的尺度。关于翻译的标准，本书作者认为应该从两个层面对其进行划分，即技术或学术翻译标准、应用或者功能翻译标准。从技术或学术的翻译角度来说，忠实应该是翻译的唯一标准，忠实于原文的内容、信息、行文风格和语言风格等；而从应用或者功能翻译的角度来看，“功能＋忠实”、“文体＋忠实”应该是切实可行的操作标准，因为不同文体有不同的目的，其翻译功能自然不同。下面就从这两项进行具体的分析。

### (一)完全忠实

所谓“完全忠实”，是指完全忠实于原作的内容，译者需要将原作的内容完整并准确的进行表达，不得有任何的扭曲、篡改、遗漏或者删减等。其中原作的内容主要是指原作中叙述的事实、描写的景物、说明的事理以及作者反映出的思想、立场等。完全忠实准则主要应用于技术性篇章或者学术性篇章的翻译上。

忠实性还要求保持原作的风格，即时代风格、民族风格、语言风格、语体风格等。译者对原则的风格不能随意的改变和破坏，不能用译者的风格代替原作的风格。原作如果是口语体，不能随意改成书面体；原作如果是富于西方色彩的风格，译作就不能按照东方色彩风格进行翻译。总之，就是原作是怎样，译文就应该是怎样的，尽可能地保持原文本来的面目。

科技文章、学术文章的文体风格一般是相对比较正式的，因此，在翻译的时候应该保持译文风格与原作风格的一致性。原文越正式，译作也应该越正式。这些文章主要包含有学术的论文用户手册、商务合同、广告、会议资料、专利证书等，它们的内容和形式各具有鲜明的特色，从不同的角度充当着交际的手段。在翻译这类文章的时候，应该尽量保持原作的风格，对原文的任何破坏或者不忠实都会导致信息上、功能上的亏损。例如：

激光束是由光相干辐射高强度散发所致的散频。

译文1：Laser beams are separate，but closely related，emissions of light rays greatly increased in strength.

译文2：Laser beams are discrete frequencies of highly amplified emission of coherent radiations of light.

从两个句子的翻译上可以看出，第一个句子很容易让人理解，但是和原句的学术性差别很大，丧失了其学术性的功能和意义，而第二句就显得更加专业性和学术性。

### （二）对等忠实

对等忠实主要是从应用或者功能上来说的，这主要体现在功能上的忠实以及文体上的忠实，下面对这两个层面做重点的论述。

#### 1. 功能的忠实

功能上的忠实同样也是使译文忠实于原文，但是这种忠实是在功能上的忠实，简单来说就是原文有什么样的功能，其译作也应该呈现这种功能。英国著名的翻译理论家纽马克（Newmark）认为语言具备六种翻译的功能：表情功能（expressive function），主要是表达发话人的思想；信息功能（informative function），主要是对语言之外现实世界的反映；祈使功能（vocative function），是使读者根据文本做出的反应；美感功能（aesthetic function），是使感官愉悦；应酬功能（phatic function），是使交际者之间保持接触的关系；元语言功能（metalingual function），是语言对自身功能及特点的解释。因此，译者在对文章进行翻译的时候，就必须挖掘原文，弄清楚原文所具有的功能。这样才能使译文与原文保持一样，忠实地传达出原文所具有的功能，从而使译文的读者可以和原文的读者有着相同的感受。例如，中国人的寒暄语“你吃了么?”发话人的目的并不是想要知道对方吃饭了没有，而是一种寒暄的客套，因此在翻译的时候并不能翻译成“Have you had your meal?”这样就会失去原文的功能，因此应该翻译成“Hello”或者“Good morning”等。

2. 文体的忠实

文体不同，对忠实性的要求也就不相同，如在科技、学术翻译中，忠实性就是要求完全再现原文的意思，这在上面已经提到；在文学翻译中，忠实性要求再现原文的意思和风格；在应用文中，忠实性反映在其对原文格式的转换上。下面主要对后面两者做重点论述。

(1)文学翻译中要再现原作的风格。译者不仅要对原作的思想进行再现，而且要对原作的风格进行再现。要使译作的读者可以得到和原作读者一样的感染，得到美的享受。在这点上，译者应该用符合译语的自然的、习惯的语言来对原作品进行再现。例如：

Sweet and low, sweet and low, wind of the western sea; Low, low, breathe and blow, wind of the western sea.

译文1：西边海上的风啊，又甜又轻，又甜又轻；西边海上的风呀，一边呼吸一边吹着，很轻，很轻。

译文2：西边海上的风啊，你多么轻柔，多么安详；西边海上的风啊，你轻轻地吹吧，轻轻地唱。

在原句中，诗人运用了重复、头韵、联珠等修辞格式，因此翻译的时候不能单单只是直译，而应该展现出原文表达的音、意、形的美。两句译文一看就可以明了，第二句译文就较好的展现出了这种美的风格。

(2)应用文翻译的格式转换。在应用文的翻译中,原文如果是比较正式的,那么翻译成目的语的时候应该转换成译语中相应的格式。例如:

张先生及夫人:

谨定于2015年6月1日星期六晚7时举行晚宴,敬请张先生及夫人光临。

地址:北京市西城区虎坊路166号

请回复

邀请人:李丽

邀请时间:2015年5月26日

译文1:

Dear Mr. and Mrs. Zhang,

This is to invite you to the dinner party on Saturday, June 1, 2015 at 7:00 p. m.

Looking forward to your coming.

Address: 166, HuFang Road, xicheng district, Beijing

R. S. V. P.

Sincerely yours,

Li li

译文2:

Dear Mr. and Mrs. Zhang,

Request the pleasure of the company of Mr.and Mrs.Zhang

At dinner on Saturday, June 1, 2015 at 7:00 p. m. at 166, HuFang Road, xicheng district, Beijing.

R. S. V. P.

第一个译文传达出了原文的意思,但是并没有兼顾到文体,因此显得过于随便。而第二个译文就是复合原作要求的,展示出其正式性。

## 第三节 翻译对译者的素质要求

实用文本翻译不是普通文本的翻译，而是特定行业的翻译。所以，实用文本翻译不仅需要译者精通两种语言以及两种语言的文化，还要了解各个行业的相关知识。因此，这里主要从译者角度来讨论翻译的条件。具体而言，实用文本翻译对译者的要求主要有：双语语言能力、双语文化能力、双语转换能力、专业知识以及职业素质。

### 一、双语语言能力

无论是哪一种翻译，译者都需要同时具备源语和译语双重语言能力。语言能力不仅包括运用词汇和短语的能力，还包括理解句子和组织语篇的能力。翻译的过程既包括理解信息的过程，还包括重组信息的过程。理解不正确就表明译者的源语语言能力不强，而重组信息不正确就体现了译者的译语语言能力不强，所以源语能力和译语语言能力在翻译中都是不可或缺的。例如：

A book may be compared to your neighbor: if it be good, it cannot last too long; if bad, you cannot get rid of it too early.

原译：一本书好比你的邻居：如果它是好书，读起来不会用很长时间；如果不是好书，你不会很快摆脱它。

改译：书就好比你的邻居，如果是好书，相伴越久越好，如果是坏书，越早丢弃越好。

在上述例子中，原文从表面上看似乎很简单，但如果没有较好的英语水平，就很容易将原句的意思理解错。原文中的句型 can't… too… 表示“再……也不为过；越……越好”的意思。再如：

elegant in smell 香气高雅

fragrant aroma 香气馥郁

aromatic flavor 香味浓郁

pure and mild flavor 香味纯和

aromatic character and agreeable taste 香浓可口

上述五个短语都是表达“香”,“香”既可以用来形容气味,又可以用来形容口味,因此在翻译的时候要注意区分。

You shall see sweet silent rhetoric and dumb eloquence speaking in her eyes.

双目含情,悄无言而工辞令,喑无声而具辩才。

(钱钟书 译)

要理解这句话的意思,只需要一定的英语基础。但是,要将这句话译得文采飞扬,就要求译者扎实的中文功底,特别是中文写作水平。

## 二、双语文化能力

翻译是跨文化的交流,其涉及两种文化的转换。语言既是文化的一部分,又深深地受文化的影响。不理解两种文化,翻译就无从谈起,并且文化信息的对等实际上高于语义信息对等,因为忽视文本蕴含的文化信息有时候会给交际造成严重的误解。例如:

We have a problem in our six o'clock newscast. We have sound bites of four candidates and we better squeeze in all four. It means we'll have to cut some other story out of the show.

我们六点钟的新闻节目有个问题。我们有四个候选人的片段,最好把四个片段都挤进去。不过,这就意味着我们得减少一些其他内容。

对于上面的例子,如果缺乏相关的背景知识,译者就难以准确翻译某些具备特定含义的词语,他们会把原文中的 sound bites 误译成“音频时间”、“声音节拍”等,其实 sound bite 表示“插入电视新闻节目当中的一个和选举有关的录像片段”。

They gave me the title of Sales Manager, but I was really a sort of man Friday to the director of the company.

他们给了我销售经理的头衔,但我却实在是给公司领导当忠实助手的材料。

在上面的一个例子中,如果不懂得 man Friday 的文化背景,就会将其误译为"星期五男人",然而事实上它是源自英国作家笛福的小说《鲁滨孙漂流记》。小说中的主人公有一位忠实仆人叫 Friday, man Friday 表示的是"得力助手"或"忠仆",它的文化意义便是源于此处。

## 三、双语转换能力

翻译的本质是两种语言之间的转换,所以双语转换能力在翻译中占据着尤为重要的位置。双语转换能力是指在语言能力的基础上,通过对源语语篇的分析,使译文和原文达到对等。

(1)语篇分析是双语转换能力的基础。语篇分析要求译者具有较强的阅读理解能力。在分析语篇时,译者不仅要知道如何分析源语情景和文化、翻译目的与要求、源语作者意图等宏观要素,而且要知道如何分析原文的中心思想和内容、原文结构和语言表达特征等微观方面。语篇分析是在翻译之前就要完成的一步。

(2)语篇生成能力是双语转换能力的核心要素。语篇生成是指译者通过译语再现源文信息。译者要具有较强的语篇生成能力,就必须了解源语和译语的语篇特征和修辞技巧等。

要想提高双语转换能力,没有捷径可走。只有在不断感受源语或译语各类文体的基础上,积累充实的翻译理论和技巧,逐渐理解如何准确地翻译词语、句子和语篇。

## 四、专业知识

翻译难免涉及多个专业和领域,如旅游领域、法律领域、医学领域、新闻领域、商务领域以及文学领域等。每个领域有每个领域所特有的知识、规则,如果译者对这些专业知识知之甚少或一无所知,就难以准确地进行翻译,“隔行如隔山”说的就是这个道理。所以除了良好的英语水平外,译者还要有意识地扩展自己的专业知识。例如:

Full set of insurance policy/certificate for 110 pet of the invoice value showing claims payable at destination in currency of the L/C, Blank Endorsed, covering all risks, war risks.

要求提供全套保险单据。按发票金额的110%投保,并标明在目的地依信用证所用币种索赔,空白背书,投保一切险及战争险。

上述例子是信用证的保险条款,要想准确翻译该句,当然需要具备一定的保险专业知识。依据海运保险实务惯例,国际贸易中的货物保险通常按发票金额的110%进行投保,其中10%为保险加成,指预期利润和相关手续费用,因此 for 110 pet of the invoice value 应该翻译为“按发票金额110%投保”。句中的 covering 一词在此不是普通英语里的“涉及、包括”等意思,而是指“投保”。

## 五、职业素质

不同文体和领域的翻译,在语言、文化方面或多或少存在着差异,所以具备足够的职业素质就显得非常重要,它体现在以下三个方面。

### (一)跨文化沟通能力

翻译是一种跨文化交际行为,所以译者必然需要了解中西方文化差异以及跨文化交际的理论、技巧,并且要善于处理跨文化交际中常常出现的问题。

### (二)研究能力与信息技术能力

语言随着时代的发展而发生变化,特定的新事物、新术语会不断涌现到各个领域。尤其在这个信息技术高度发达的时代，知识更新的速度特别快。这就更加强调译者的研究能力和信息技术能力，只有达到了这样的要求，译者才能适应知识的变化。换言之，译者要学会检索文献和使用词典，以及利用现代化信息技术来使得自己的语言知识面不断拓宽。

### （三）责任心和谨慎的态度

翻译是一项专业性极强的工作，译者必须具有强烈的责任心和谨慎的工作态度。每个行业有每个行业的特殊性，有些行业甚至还涉及一些经济和法律等资料。作为一名译者，应该要对译文抱着完全负责的态度，因为任何的翻译失误可能会造成不可挽回的损失。例如，北京一家剧院将入口处（entrance）误译为 import，将出口处（exit）误译为 export；长沙某商场将护发素（hair conditioner）错误地翻译为 Hair-tonic。其实只要查一下词典或相关资料，是完全可以避免这些错误的。译者要养成勤查词典或工具书的好习惯，不要以为自己什么都懂而望文生义。再如，有的人将 bull's eye（靶心）误译为“牛的眼睛”，将 busboy（餐馆勤杂工）误译为“公汽售票员”，将 dry goods（纺织品；谷物）误译为“干货”。

# 第二章　中西翻译理论综述

翻译作为一种重要的实践活动，广泛地存在于人类的历史长河中，对于社会的进步、文化的发展发挥着积极的影响。但是翻译学家对于翻译理论的研究却远不如翻译实践的历史久远。人类对于理论研究的忽视，直至20世纪50年代才开始得到改变。从20世纪50年代开始，西方一批具有探索精神和理论意识的学者开始试图从语言学的视角打开翻译研究的大门，他们对一直处于实践层面的翻译经验进行理论性的思考、科学性的分析。

20世纪70年代，尤金·奈达（Eugene Nida）等翻译理论家的出现扩展了翻译研究的范畴，提高了翻译理论的研究程度，为翻译学的建立打下了坚实的基础。自此之后，翻译成为一门独立的研究学科并得到了更多学者的重视，由此西方翻译理论得到了空前的发展。

20世纪80年代以来，翻译教学和翻译研究在我国取得了前所未有的发展。我国翻译理论研究的发展对于改革开放的进行、世界贸易的发展也有着直接的现实意义。本章将主要对中西方翻译理论进行总结，从而使读者对翻译理论的脉络有一个清晰的了解。

## 第一节　中国翻译理论

“翻译”二字在我国古代的书籍中，最早是以“译”字出现的。而我国关于翻译的最早史书记载是在汉代。

周《礼记·王制》中有这样一段文字:“中国、夷、蛮、戎、狄……五方之民,言语不通,嗜欲不同。达其志,通其欲,东方曰‘寄’,南方曰‘象’,西方曰‘狄缇’,北方曰‘译’。”这句话的意思是说在周代有这么多的民族,但是言语不能相通,嗜好也不相同。为了能够彼此之间顺畅交流、嗜好统一,设立了很多的翻译官,翻译东方民族语言的称为“寄”,翻译南方民族语言的称为“象”,翻译西方民族语言的称之为“狄缇”,翻译北方民族语言的称之为“译”。翻译从此开端。

从我国翻译理论的发展以其自身呈现的历史阶段来说,具体可以分成四个大的时期:佛经翻译时期、近代翻译时期、现代翻译时期、当代翻译时期。下面分别对这几个时期进行分析。

## 一、中国古代佛经翻译理论

自佛经从印度传入中国,佛经的翻译活动就开始了。佛经翻译是真正的语际翻译的开始,其在中国翻译历史上产生了极大的影响。中国翻译理论是在佛经翻译实践的基础上形成的,佛经翻译起始于东汉末年,一直到元代才慢慢消失。可以说,中国古代翻译理论主要是佛经翻译理论。佛经翻译可以分为以下四个阶段。

### (一)佛经翻译的第一阶段

佛经翻译理论的第一阶段是从东汉末年到西晋的起步时期,以安清、支谦、朱士行、玄奘等为代表人物,而其中又以支谦的翻译理论为最早、最重要的理论。支谦的翻译理论可以总结为三点:第一,他首次阐释了翻译的困难和复杂;第二,他的翻译理论反映了早期的“文派”和“质派”两大翻译倾向,也就相当于现在的“意译”和“直译”;第三,他的翻译理论体现了中国翻译理论深厚的文化底蕴。本阶段的翻译具有以下四个特点。

(1)外籍僧人和华裔胡裔僧人是佛经翻译的主力军,其他汉族知识分子则是辅助力量。这时的翻译是在民间信徒的支持下进行的,并未得到政府的资助。

(2)翻译通过口授的方式进行,也就是一人口译为汉语,另一人进行笔录和修饰。可见,口译的人需要了解梵语和汉语两种语言,在当时很少有人能担当此任。

(3)由于此时处于佛经翻译的草创时期,以及僧人缺乏语言学知识和翻译经验,所以一般都采用直译的方法,以至于后来出现了"文"与"质"的争论。

(4)佛经是唯心主义作品,而当时中国正盛行唯心主义哲学,因此国人对佛经广泛接受。只是由于统治阶级的需要,又要对佛经进行改造,所以后来便用玄学来改造佛经。

### (二)佛经翻译的第二阶段

佛经翻译理论的第二阶段是从东晋到隋的发展时期,代表人物有高僧释道安、鸠摩罗什、真谛和严琮等。其中,以高僧释道安主张的"五失本、三不易"的翻译理论最为著名。"五失本"包括以下五个方面的内容。

(1)因为佛经原版是古印度的梵语版,而梵语和汉语在语序上有差别,所以在将佛经翻译成汉语时必然会对原来的语序有所改动。

(2)佛经文辞质朴而汉语富于文采,所以在将佛经翻译成汉语时必定进行一些修饰。

(3)佛经常常反复阐述同一个意思,所以在将其翻译成汉语时必定有所删减。

(4)佛经在末尾处往往会进行总结,简述前文所说的内容,因此在将其翻译成汉语时也要有所删减。

(5)佛经在结束一件事的论述而要另谈他事之时,往往会先重复前文内容,然后再继续论述,所以在将其翻译成汉语时也要作一些删减。

"三不易"的具体内容如下。

(1)佛经的创作时代和后来的佛经翻译时代有着明显的差异,要在时代不同的情况下再现原文的意义是不容易的。

(2)由于生活经历、时代背景等的不同,后人要完全理解古代圣贤的大智大慧是不容易的。

(3)释迦牟尼去世以后,其弟子阿难等人在造经的过程中始终抱着谨慎细致的态度,普通后辈要翻译原文内容实属不易。

### (三)佛经翻译的第三阶段

佛经翻译的第三阶段是唐朝的翻译高潮时期,以义净和玄奘法师为代表,而其中又以玄奘法师的理论为典型代表。他在翻译中主要采用直译的方法,同时也将补充法、省略法、变位法、分和法、译名假借法和代词还原法等作为辅助翻译方法。其翻译理论主要体现在两个方面。

(1)他主张翻译既要忠实于原文,又要符合译入语的表达习惯。

(2)他提出"五不翻"原则,也就是神秘语、多义语、现实不存在的事物、为历代接受的音译和佛教用语一般是不用翻译的。

### (四)佛经翻译的第四阶段

佛经翻译的第四阶段是北宋的翻译衰退时期,这一时期的译场组织尽管非常完善,译经总数也和唐代相当。然而,质量却有些落后,这是由于笔录者理解不透彻、译文晦涩难懂造成的。本阶段以赞宁为代表人物,他提出了两个翻译观点。首先,他认为翻译的性质是对原文所做的变更。其次,他主张"六例"的翻译方法,即译字译音为一例、胡语梵言为一例、重译直译为一例、粗言细语为一例、华言雅俗为一例、直语密语为一例。

## 二、近代翻译理论

中国近代翻译理论主要是指从鸦片战争到五四运动时期形成的翻译理论,在这一时期,由于欧洲传教士来到中国,科技和文学的交流也就开始了,所以这一阶段的翻译主要是科技和文学的翻译，并且这一阶段的翻译理论也较为系统。代表人物有徐寿、马建忠、梁启超和严复等人。

### （一）徐寿的翻译理论

徐寿既是一名化学家，又是科技翻译家，他首创了一套化学元素的中文名称。在近代，一种很明显的翻译工作就是科技术语的统一，从译名的统一工作到科技术语词典的编纂都为翻译做出了巨大的贡献。徐寿和傅兰雅等人提出了著名的“译名七原则”：第一，尽可能采用直译的方法；第二，在不能意译的情况下，尽量采用汉字音译，建立音译体系；第三，新术语尽量和汉语的固有形式相同；第四，译名要简明；第五，要给译名准确的定义；第六，在任何场合译名都必须和原意一致；第七，译名要灵活。

### （二）马建忠的翻译理论

马建忠在语言方面颇有建树，他不仅是汉语语法体系的奠基人，而且对中国的翻译理论也做出了巨大贡献。

（1）他主张“善译”，也就是指翻译人员必须同时精通两种语言的语音、语法、语义和文体等，只有这样才能达到忠实再现原文神韵的翻译目的。“善译”是近代翻译理论得以建构的基础，并且有助于矫正洋务翻译的弱点。

（2）他提倡创办“翻译书院”。马建忠认为在洋务时期翻译的情形是“洋文和汉文只通其一”、“西译中述”，中国的翻译人员在中西合作翻译过程中处于从属位置。鉴于这种种翻译的不足之处，他提倡通过创办翻译书院来培养精通中西语言、翻译理论知识和技巧的翻译人才。

### （三）梁启超的翻译理论

人们将梁启超誉为“维新志士”和“百科全书”，这两者分别是对他的政治地位和学识的褒扬。然而，人们也忽视了他在翻译领域的贡献和成就。维新运动时期，梁启超通过翻译向中国介绍了大量的西方政治、科技和文化思想，他对中国近代翻译理论的贡献主要表现在以下三个方面。

(1)他选择用白话体翻译拜伦《哀希腊》中的片段，加之他在政治和文学领域的号召力，白话体便从此成为大众广泛接受的通俗语体。

(2)他企图通过翻译科技文化作品实现维新救国梦的目的并未达到，继而他提倡翻译小说来改革社会，主张将中西方文明结合，以此来形成促进社会进步的推动力量。他使文学革命、政治运动和社会进步相结合以产生巨大的合力，并意外地推动了小说的盛行。

(3)他大力提倡当时的人们研究翻译的语言价值问题，也就是翻译对语言的影响问题。他指出，汉语通过翻译在不断地创新中得到了发展。

### (四)严复的翻译理论

严复(1854—1921)，是清末著名的资产阶级启蒙思想家、教育家和翻译家。无论是在中国近代史上，还是在中国翻译理论史上，他都是极为重要的人物。

严复对中国翻译理论的发展做出了巨大贡献，他汲取了中国古代佛经翻译理论的精髓，并结合自己丰富的实践经验，提出了著名的翻译标准——信、达、雅。其中，“信”要求译文要忠实于原文，要想忠实于原文，译者必须恰当地将原文翻译出来。“达”要求译文通顺、畅达，具体来说就是译文要符合目的语的语法规则以及表达习惯，无语病、字句通顺。“雅”要求译文的词句要精美，要用“汉以前字法句法”来翻译。他认为，“用汉以前字法句法，则为达易；用近世利俗文字，则求达难。”然而，使用“汉以前的词句不仅仅着眼于语言、风格”还要首先满足“信”和“达”的标准。

严复的“信、达、雅”翻译理论不仅言简意赅，且意义重大、影响深远，是中国传统翻译理论的纲领和精髓。除了这一理论外，严复对翻译主要思想的论述也堪称中国近代翻译理论的精华。在当时受“中学为体，西学为用”影响极深的中国学界，很多学者纷纷将目光投向了西方的船炮、化电、数学等领域，而严复却将注意力转向了西方的社会科学和学术思想，可谓目光长远。

## 三、现代翻译理论

五四运动之后到新中国成立，我国的翻译理论进入到一个新的阶段，即现代翻译研究阶段。由于翻译活动比较频繁，因此对翻译的讨论也是相对比较普遍的。这一时期，新文化运动开创了白话文翻译的阶段，而马克思、列宁主义的共产主义思想以及无产阶级理念也开始被翻译并传入中国。《共产党宣言》就是在这一时期发表的。同时，这一时期的翻译在内容和形式上都有了很大的变化，具体表现如下。

### (一)现代翻译理论的特点

#### 1. 新文学翻译时期

五四新文学时期的翻译事业呈现了百花齐放、百家争鸣的局面。这一时期的文学革命是轰轰烈烈的，尤其是蓬勃发展的白话文运动促进了翻译问题的彻底革命，也推动了传统翻译思想的重大转折。

(1)关于直译与意译。这是在白话文运动上遇到的第一个翻译理论的争论问题，而且围绕的也是三个观点：直译宜用白话文，意译用文言；直译意译皆用白话；直译意译无关白话文言。但是最终由于翻译界大量翻译的都是外国文学作品，因此采用直译的比较多。

(2)关于信与顺。这是一场关于翻译标准的论战，这场论战讨论的主要是四个问题：信与顺的问题、直译与意译的问题、欧化和归化的问题、重译问题。通过论战，人们在很多层面上达成了共识，使信、达、雅为核心的传统翻译理论经受住了考验，从而继承和发展了中国传统的翻译思想。

2. 马克思主义著作的翻译

马克思著作的翻译是这一时期的另外一个重要的内容。在十月革命之后，中国一大批青年远赴苏联留学，不少人成为了传播马克思学说的著名翻译家。马克思和恩格斯合著的《共产党宣言》在20世纪传入中国，并对1921年的中国共产党成立产生了重大的影响。其中这一时期比较著名的有郭大力。

郭大力的翻译思想和翻译态度是极其严肃的。他在《资本论》译文跋中这样写道："我们根据的版本，是马恩研究院校正过的德文本。我们所加的若干附注，大都是根据这个版本实行的。……此外，我们还参照了两种英文译本和两种日文译本，不过当中只有一种英译本和一种日译本是完全的。在格式方面，我们尽量保持原版的特色。在行文方面，我们尽量使其流畅，但当然，每一个地方我们都顾虑到了，要使它的文句不至于弄差它的意义。"①

1940年春天，郭大力开始翻译《资本论》的第四卷，最终历时四年，完成了对这部120万字著作的翻译，并且为了使其更加完善，又花费了五年的时间进行修改。随着我国社会主义经济建设的不断发展，全国掀起了学习马克思经济的思潮，为了达到整个译文翻译无误、尽善尽美，他又对其进行了全面的校改。可见，郭大力先生是在用整个生命完成这部著作的翻译工作，对整个翻译理论的发展起到了不可磨灭的作用。

① 高华丽．中外翻译简史[M]．杭州：浙江大学出版社，2009：96.

## (二)代表人物

### 1. 林纾的翻译理论

林纾(1852—1924)是中国近代翻译史上的翻译大师,也是中国文学翻译事业的先行者和奠基人,被公认为中国近代文学翻译的开山鼻祖。林纾不懂外语,不能读原著,但他仍然和朋友共同合作,翻译了十几个国家的几十位作家的作品。尽管其译文难免出现一些错误,但这并不影响他对中国翻译事业做出的贡献。林纾的翻译思想主要体现在以下几个方面。

(1)翻译不易。林纾认为,翻译书籍需抱有严谨、审慎的态度,要想翻译出好的作品,首先译者必须了解原文所引用的历史典故、风俗文化、古籍旧说等知识,同时还需了解源语和目的语之间的异同,在传递源语文化的同时使译文符合目的语的表达习惯,这样才能达到理想的翻译效果。

(2)译文要忠实于原著。林纾在《黑奴吁天录》(*Uncle Tom's Cabin;or,Life Among the Lowly*)的"例言"中指出,"是书为美人著。美人信教至笃,语多以教为宗。顾译者非教中人,特不能不为传述,识者谅之。"意思是:本书原作者是一位美国作家,美国人大多深信基督教,因此书中语言很多都体现了基督教教义,但由于译者并不信仰基督教,因此照搬原文内容而不予翻译,望读者原谅。林纾认为,译者在翻译外国作品时难免会对书中的内容产生异议,但翻译时仍需忠实于原文,将原文的特征、思想表现出来。

(3)译名统一。林纾(1914)在《中华大字典》的序言中阐述其对译名统一问题的看法,汉语中一个字只有一个含义,只有将一个一个的汉字联合起来才能成文。因此,在翻译英文时往往需要耗费大量汉字,再加上由于没有一定的名词,常会和英文原作相左。对此,林纾提出"由政府设局,制新名词,择其醇雅可与外国名词相通者,加以界说,以惠学者"。尽管这个提议并未被当局采纳，但却是他对中国翻译事业的另一个重要贡献。

### 2. 鲁迅的翻译理论

鲁迅(1881—1936)是中国著名的思想家、革命家、文学家、评论家，其翻译思想主要表现在以下几个方面。

(1)翻译的目的。鲁迅认为，翻译的目的有二：为革命服务和供大家参考。鲁迅(1930)在《“硬译”与“文学的阶级性”》一文中曾论及“为什么而译”这一问题，“我的回答是：为了我自己，和几个以无产文学批评家自居的人，和一部分不图‘爽快’，不怕艰难，多少要明白一些这理论的读者。”鲁迅认为，翻译一般的文章和作品是为了供大家参考，而翻译革命的文学作品、科学的文艺理论的目的则是要解剖自己、提高自己，帮助那些不甚了解革命理论却“以无产文学批评家自居的人”，帮助同一阵营里的文学工作者。总地来说，鲁迅认为翻译要“有用”、“有益”。

(2)信为主，顺为辅。鲁迅认为，翻译应做到两个字：“信”和“顺”，并认为“信”是翻译工作中最重要的，译者应在保证“信”的同时尽量使译文流畅通顺。对于当时有人曾提出的“与其信而不顺，不如顺而不信”的观点，鲁迅在《再来一条“顺”的翻译》中加以批判，并提出了“宁信而不顺”的观点，“这自然是‘顺’的，虽然略一留心，即容或会有多少可疑之点……这才明白《时报》是因为译者不拘泥于‘硬译’，而又要‘顺’，所以有些不‘信’了。倘若译得‘信而不顺’一点，大略是应该这样的……”对此人们常常产生一个误解：鲁迅求信而不求顺。但仔细阅读这段话中不难看出，“信而不顺”的观点是在相互比较的情况下提出的，是相对的而非绝对的。事实上，鲁迅并未把“信”和“顺”对立起来，并不认为取“信”就要放弃“顺”，而是持“以信为主，以顺为辅”的观点。

(3)直译为主，意译为辅。对于翻译的策略，鲁迅明确提出“直译”的主张，这是针对晚清以来翻译多随意删减、颠倒、附益的不良风气而提出的。鲁迅在《域外小说集》的《略例》中指出，“任情删易，既为不诚。故宁拂戾时人，迻徙具足耳”，这表达了其“直译”的观点。需要指出的是，鲁迅所提倡的“直译”并非“死译”，也不是“逐字翻译”，而是既保存原文全部的思想内容，又要尽量保留原文的语言形式、风格等。

(4)复译有必要。由于晚清时期很多学者乱译、硬译，致使很多读者都不愿意看翻译的作品，并且严重影响了中国读者对原作的认识。鲁迅认为，要改变这种情况就需要对那些已有翻译版本的原作进行复译。他在《非有复译不可》一文中曾指出，“诬赖、开心、唠叨，都没有用处，唯一的好方法是又来一回复译，还不行，就再来一回。”这一思想对我国翻译事业的健康发展做出了不可磨灭的贡献。

(5)提倡翻译批评。对于当时国内盛行的乱译、硬译现象，鲁迅提出了翻译批评。他不仅指出了以前翻译批评的不当之处，还对翻译批评该如何开展提出了很多独到的见解，为后来翻译批评的正确发展起到了促进作用。在《为翻译辩护》中，鲁迅指出翻译作品不好的主要责任虽在于译者，但读书界、出版界、批评家也同样有一定的责任。要改变、整顿现在翻译的恶劣风气，正确的翻译批评是必须的。通过翻译批评指出坏的，奖励好的，如果没有好的，则较好的也可以。如果连较好的也没有，则要在指出译本坏的地方之余还要指出其好的地方。

由上可知，鲁迅对翻译批评的态度十分宽容。他鼓励和支持翻译，并提倡区分译文质量的好坏，为读者选出好的或者较好的译文，即使没有这样的译本，也要从不完全坏的译本中找出好的方面，从而尽可能地让读者受益。这种翻译批评法对于端正翻译批评之风无疑是极为有利的，而鲁迅的这种辩证唯物主义思想也成为中国翻译批评日后进一步发展的基石，有助于将中国的翻译批评引入一条正确的道路上。

3. 郭沫若的翻译理论

郭沫若(1892—1978)是中国现代著名的诗人、文学家、戏剧家以及翻译家，其翻译思想主要表现在以下几个方面。

(1)“风韵译”理论。郭沫若(1920)在为田汉译《歌德诗中所表现的思想》一文的《附白》中指出,“诗的生命,全在它那种不可把握之风韵,所以我想译诗的手腕于直译意译之外,当得有种‘风韵译’”。“风韵译”理论不赞同移植或逐字逐句地翻译,而是强调“以诗译诗”,认为翻译的过程是两种文化融合的过程,不仅仅是两种语言的转换,更是译者对原文审美风格的再创造。

(2)生活体验论。对于译者的素质,郭沫若认为,主体性、责任心是译者必须具备的。他认为翻译工作要求译者具有正确的出发点和高度的责任感,一方面要慎重选择作品,另一方面还要以严肃的态度进行翻译。除了责任心以外,郭沫若认为,译者主观感情的投入对翻译工作也十分重要。翻译之前,译者首先要深入了解原文作家和作品,只有这样才能更深刻地了解原文和作者的思想。郭沫若曾说自己在翻译别人的作品时常常和原作者“合而为一”,使自己变成作者,融入到作品中去,体会原作的情感与内涵。这种“合而为一”的翻译思想对翻译理论的发展同样做出了重要的贡献。

(3)“好的翻译等于创作”。郭沫若早期在文章《论诗三札》中曾将原作比作处子,翻译看作媒婆,认为翻译是一种附属事业,贬低了翻译的作用。而随着文学思想的转变,郭沫若端正了对翻译的态度,认识到了翻译的重要作用,并指出“好的翻译等于创作,甚至可以超过创作。翻译有时比创作还困难,因为创作需要一定的生活体验,而翻译却需要体验别人体验的生活”。另外,翻译要求译者不仅要有很高的英文功底,还要有扎实的汉语功底。由此可见,翻译其实并不比创作容易。

翻译不是一个简单的工作,而是一种需要创造力的艺术。好的翻译和创作无异,甚至会超过创作。而郭沫若本人在翻译过程中无不关注原作的艺术风格以及精神思想,并将其融入笔端,进行艺术的再创作。只有这样的创造性翻译,才能是真正高质量的翻译。

4. 林语堂的翻译理论

林语堂(1895—1976)是中国当代著名的学者、文学家和语言学家,在翻译理论的研究上也颇有建树。他写过很多关于翻译理论的文章,其中最系统、最著名的译论是《论翻译》。林语堂的翻译思想主要表现在以下几个方面。

(1)把翻译视为艺术。在《论翻译》中,林语堂指出做翻译的人首先要意识到一件事情,即翻译是一种艺术。他还曾指出,作为一种艺术,翻译依赖于以下三个方面。

①译者对原文字面以及内容的透彻了解。

②译者必须有深厚的汉语功底,汉语表达清楚、顺畅。

③译事上的训练,译者能够正确认识翻译的标准和手法。

除以上三点以外,再无其他纪律可为译者的规范,而这三条也是林语堂对翻译原则的看法。

(2)"忠实、通顺、美"。《论翻译》中,林语堂重点阐述了关于翻译标准的问题。林语堂认为,翻译有三个标准:忠实、通顺、美。这似乎和严复"信、达、雅"的翻译标准十分类似,实则并非如此,林语堂对这三个方面有着自己更独特的看法。

①忠实。林语堂认为,忠实是一种态度,意味着译者对原作者以及原文负责任的态度。在他看来,翻译中的"忠实"主要表现在以下几方面。

第一,非字译。词语的使用是灵活多变的,往往随着时间、地点等语境的变化而变化。用法的不同也就造成词语的多种含义,这是其与上下文连贯融合所致。而译者在翻译过程中的忠实态度即指,要确切掌握原文中每一个词语的含义,但无需字字译出。译者应忠实于这些词语组合起来所表达的含义,而不是字字对应。

第二,须传神。在具体语境中,很多词语往往有其字面含义之外的"暗示力",这种"暗示力"使语言表达十分生动、传神。翻译时,译者必须在传达原文含义的同时也将这种"暗示力"表现出来，即将原文词语的传神性体现在译文中，从而忠实于原文的字神句气以及言外之意。

第三，非绝对。非绝对是指，译者对原文的忠实是相对的，而非绝对的。绝对的忠实是不可能实现的，这是因为每种文字都有其独特的声美、意美、神美、文体文气形式之美，照顾了意美可能就照顾不到神美，而照顾了神美可能就照顾不到文体文气形式之美，因此译者很难将一种语言文字的所有方面十分完全地体现在另一种语言文字中。

②通顺。林语堂认为，通顺是译者对目的语读者负责任的表现，也是忠实的内在要求。他还指出，要使译文保持通顺，译者首先要以句为本位，准确体会原文句子的含义，了然于心，然后按照目的语语法将原文全句的含义译出；其次，译者还要按照目的语心理行文，使之符合目的语表达习惯，使读者读起来顺畅，不会感到别扭。

由上可知，林语堂翻译理论的依据是心理学，其关于使译文通顺的观点可解释为：译者可采取句译的翻译方法和目的语读者能够接受的译语行文习惯进行表达。

③美。美，意味着译者要对翻译这项艺术负责。林语堂认为，翻译除了要实用以外，还要兼顾美。一位合格的翻译家应当将翻译当作一种艺术，用热爱艺术的心去热爱翻译，用对待艺术般一丝不苟的态度来从事翻译，使译作能够带给读者以美的享受。因此，译者在翻译时不但要达意，还必须注意文字之美，做到传神。林语堂指出，译者在着手翻译之前，首先必须深刻理解原文的风度神韵，然后在翻译中将此风度神韵充分展现在译文中，这样才算完成了对待翻译如艺术一般的任务。

由此可见，译文若要能够引起读者的共鸣，产生和原文带给原文读者同样感受的效果，译者就必须在翻译时以艺术家的眼光以及艺术家的工作态度来对待原文文本以及翻译工作，洞察原作者的心理，感受其思想情感，并将此淋漓尽致地展现给读者。

5. 茅盾的翻译理论

茅盾(1896—1981)是中国现代著名小说家、文学评论家、文化活动家。他所倡导的是“神韵”与“形貌”辩证统一的文学翻译批评理论,这对中国的文学翻译批评产生了极大的影响。

前面提到,晚清时期严复提出了“信、达、雅”的翻译标准,是中国对中国传统翻译批评影响深远的一种模式,也可以说是晚清文学翻译批评的标准模式。但在实践中,译者与翻译批评者之间互动不够,翻译批评难以真正起到指导翻译活动的作用。而随着五四运动的兴起,中西文化的碰撞为文学翻译以及文学翻译批评注入了新的活力。

茅盾在大量翻译外国文学作品的同时也十分注重中国古代文论中的精华。对于当时文学翻译批评界争论不下的“直译”和“意译”问题,茅盾提出了符合中国传统文化思想的文学翻译批评主张,即“形貌”和“神韵”相结合的辩证统一的翻译批评理论。

对于直译和意译,茅盾曾说道,由于英汉文字不同,对所有文本一律采取直译法很难。译者往往照顾了语言的形式就会导致神韵不足,而照顾了神韵语言形式又会和原文不同,即“形貌”与“神韵”无法同时保留。尽管如此,“形貌”与“神韵”却又是相辅相成的,“单字”、“句调”不仅构成了语言的“形貌”,同时也构成了语篇的“神韵”。

茅盾通过中国文论中的“形貌”、“神韵”、“单字”、“句调”概念打破了晚清以来文学翻译批评的限制,他所倡导的“形貌”与“神韵”辩证统一的翻译批评理论也是对当时争论已久的“直译”和“意译”问题的一个最佳解决办法与完善,这使得中国的翻译批评摆脱了传统束缚,产生了新的生机,极大地促进了中国传统文学翻译批评向现代文学翻译批评转换。

6. 傅雷的翻译理论

傅雷(1908—1966)是中国著名的文学翻译家、文艺评论家,其翻译思想主要表现在以下几个方面。

(1)翻译中的“传神达意”。傅雷曾说,领悟原文是一回事,而将原文含义用汉语表达出来又是另外一回事。他认为,翻译时要做到“传神达意”必须做到以下三点。

①中文写作。傅雷认为,好的译文要给人一种原作者在用汉语写作的感觉。这样原文的精神、意义以及译文的完整性和流畅性都得以保全,也不会产生以辞害意或以意害辞的问题。

②反复修改。傅雷对待翻译的态度极其严肃,并以“文章千古事,得失寸心知”为座右铭。傅雷指出,好的翻译离不开反复的锤炼和修改,做文字工作不能只想着一劳永逸,而应该不断地推敲、完善。

③重视译文的附属部分。所谓译文的附属部分,即注解、索引、后记、译文序等内容,这些内容都对译文能否“传神达意”有着重大影响,妥善处理这些内容有助于读者更好地理解原文的形式和内容。

(2)翻译中的“神形和谐”。傅雷认为,翻译要像临画,重点求神似,形似在次。他将中国古典美学理论运用于翻译中,用绘画中“形神论”的观点来对待翻译。傅雷指出,要做到传神达意,仅仅按照原文句法拼凑堆砌是不行的,更重要的是要和原文神似。然而,这并不是说译者可以抛弃原文的形式,而是要在和原文神似的基础上追求形似,不能求形而忘神。神和形是语篇的两个方面,二者紧密联系。神依附于形而存在,神又是形的根本意图。因此,二者是一个和谐的整体,其各自的轻重无法简单地用三七开进行衡量。

形与神的和谐需要译者的创造。傅雷认为,翻译的标准应该是假设译文是原作者用汉语撰写的,并提倡译文必须使用纯粹的、规范的中文,不能声音拗口。另外,为了再现原文的生动内容,体现出时空、语境的差异,傅雷还指出,译者必须杂糅各地方言,也可以使用一些旧小说套语和文言。然而,使用方言、旧小说套语和文言的关键在于适当调和各成分在语篇中的作用,避免导致译文风格支离破碎。傅雷这种将方言、行话、文言和旧小说套语等融入到白话文中，从而竭尽所能地转达原文“神韵”，不能不说是一个创造性之举。

7. 钱钟书的翻译理论

钱钟书是我国著名的作家、文学研究家，并对翻译有着很多发人深省的论述。“化境说”是钱钟书对翻译理论的主要观点，也是最大贡献。

“化境”和中国传统文论一脉相承，原指艺术造诣达到精妙的境界，而被钱钟书引入翻译领域中则指原作的“投胎转世”。钱钟书在《七缀集·林纾的翻译》中首次提出了“化境说”的翻译观，“文学翻译的最高理想可以说是‘化’。把作品从一国文字转变成另一国文字，既能不因语文习惯的差异而露出生硬牵强的痕迹，又能完全保存原作的风味，那就算得入于‘化境’”。“化”包括以下三个方面。

(1)转化，即将一国文字转换成另一国文字。

(2)归化，即能用汉语将外国文字准确、流畅、原汁原味地表现出来，读起来不像是译本，倒像是原作。

(3)化境，即原作的“投胎转世”，虽然语言表现变了，但精神姿致如故。

另外，“化”还需注意以下两个方面。

(1)翻译时不能因为语言表达的差异而表现出生硬、牵强之感，否则须得“化”之。

(2)“化”的时候不能随便去“化”，不能将原文文本中有的东西“化”没了，即虽然换了一个躯壳，译文仍要保留原文的风味、精神、韵味。

“化境”是钱钟书将原本用于中国古典美学的“境界”概念引入到翻译领域中得出的一种翻译理论。他指出“境界”是所有学科的共性，是相通的。钱钟书将文学翻译理论纳入文艺美学范畴的做法对于中国文化而言意义深远。“化境说”不仅兼顾了翻译中的语言形式和神韵，还强调了译者的创造性，因此“化”是翻译的最高境界。

8. 许渊冲的翻译理论

许渊冲(1921—)是中国著名的翻译家，他翻译了大量英、法文文学著作以及中国的古典诗词，并提出了“美化之艺术”的翻译理论，即“三美”、“三化”和“三之”。

“三美”是指“意美、音美、形美”，是文学翻译的本体论。

“三化”是指“等化、浅化、深化”，是文学翻译的方法论。

“三之”是指“知之、好之、乐之”，是文学翻译的目的论。

而“艺术”则是认识论。许渊冲认为，翻译不可避免地会受到译者思维的影响，因而不是科学而是艺术。翻译的好不好，美不美，真与美之间的统一问题，都是一门艺术。

许渊冲还曾指出，翻译中的源语和目的语之间存在三种态势：优势、均势和劣势。译者要将劣势转变为优势，并充分发挥优势。他提倡“优势竞赛论”，译文会在不断的比较、竞赛中得以不断地修正、完善，正如人类文化也在不断的竞赛中前进一样。

另外，在1997年的国际翻译研讨会上，许渊冲就翻译问题提出了以下三点意见。

(1)理论与实践若产生矛盾，应以实践为主。

(2)翻译理论不是客观的科学规律，这是对翻译工作属于科学还是艺术的一个界定。

(3)文学翻译的地位应当和创作一样。

总地来说，许渊冲先生对于翻译的看法是，理论与实践并重，创造与艺术同高，而他自己的翻译作品也都是理论与实践、创造与忠实的结合。

## 四、当代翻译理论

中华人民共和国成立之后，我国的政治、经济、文化逐步取得了进步，当然翻译视野也和其他科学文化事业一样得到了蓬勃的发展。在翻译理论的建设上也取得了卓越的贡献，并且深刻的反映了这一时代的特征。

## (一)当代翻译理论的特点

(1)传统翻译思想的再鼎盛。新中国成立初期，中国对传统的翻译思想比较推崇，主要表现在以下两个层面。

①“四论”的创立。四论分别是茅盾的“意境论”、傅雷的“重神似不重形似论”、焦菊隐的“整体论”、钱钟书的“化境论”。这四论实际上将文艺学与美学融入传统的语言学化翻译理论中，丰富和发展了传统翻译理论。

②翻译标准再论争。这次争论的焦点问题就是严复的信达雅翻译标准，而研究的问题即是否沿用其翻译标准还是运用苏联的“分类标准”与“等值性”理论。由于新中国成立初期受到苏联的帮助，因此很多的苏联作品随之引入，但是很多苏联作品并没有被移除，因此需要更多的翻译人员，而翻译者需要更为科学和完备的翻译理论。最终，这一争论以严复的信达雅获胜而告终。

(2)中西翻译思想的融合。到了20世纪80年代后期，中国进入了改革开放的新时期。翻译事业呈现了新的繁荣景象。中国逐渐引进外国的翻译理论，推动了中国当代翻译理论的发展。对我国翻译理论起到重要作用的主要有以下几个方面。

①苏联翻译理论两大流派的影响。苏联的两大翻译流派，即语言学派和文艺学派在新中国成立的初期就已经被引入我国。其中在翻译研究理论上，语言学派主张从语言学角度进行探讨，而文艺学派主要从文艺学角度进行探讨。到了20世纪60年代后期的时候，这一斗争达到了高潮，因此对我国翻译也产生了不可磨灭的影响。

②西方结构主义语言学的影响。这一时期，西方比较有代表性的学者有雅各布逊、卡特福德、奈达、威尔斯等。其中雅各布逊

主张将语内、语际、符际翻译作为探索翻译理论的方法，而其他三位学者以语言学理论作为依托提出了“等值理论”。这些理论与中国的传统翻译理论存在着某些相似之处，因此很快在翻译界与教育界盛行，并且打破了我国原本单一、静态的翻译理论局面，促进了我国翻译理论的发展。

③西方后结构主义的影响。从 1972 年之后，对我国翻译思想有重大影响的学派有“翻译研究派”、“综合学派”、“多元系统派”、“解构主义学派”等。这为当代翻译理论提供了新的视角，即重视动态和多元的观念；重视翻译的综合性；重视翻译者和使用者的作用。这些新的视角、新的思路对我国翻译理论建设具有积极的作用。

在这些理论的基础上，我国坚持在继承我国传统翻译理论的基础上，借鉴外国的先进翻译理论，从而创立自己的学说为主要原则，取其精华，去其糟粕。很多年轻翻译家也进行了卓有成效的工作，提出了新译论、新思想。

多元互补论。多元互补论是由多个标准组成的，即绝对标准、最高标准、具体标准。这些标准是相辅相成的关系，并且有其特定的功能。这一理论吸取了西方的动态论和多元论，将翻译理论置于立体的思维模式下，打破了传统的一元论的观点。

和谐说。和谐标准是继承我国古代儒家和谐的基础上，借鉴西方的系统理论、对话理论以及格式塔心理学理论，提出的新的翻译标准。这一翻译的标准也是一个系统，在这一系统里面包含原作、译者、译作、源语、译语、读者等。翻译的过程就是从这些差异对立的转化中寻求一种中间的状态，即在忠实和不忠实之间的一种状态。其中翻译者起到主体的作用，需要发挥其创造的能力，运用“和而不同”的原则将译文展现给读者。

## (二)代表人物

在这一时期，翻译理论的代表人物主要有王佐良、叶君健等。

### 1. 王佐良的翻译理论

王佐良毕生翻译了大量的国外文学作品，尤其是英国文学，可谓是翻译界的权威，他的翻译理论体现在以下四个方面。

(1)重视相关因素的协调。他将翻译看作是调和与辨证的艺术，首先提倡将我国的传统翻译思想和国外的语言学科理论相结合，是最早引入西方语言学理论的翻译学者。他还指出，翻译具有综合性和复杂性，所以应该认真思考如何调和、辩证地处理各种要素之间的对立统一关系。

(2)提倡在翻译时要走出传统。他主张译文和原文的效果一致，认为在翻译时不用拘泥于某个细节，而是强调整个译文在整个概念和整篇情感上对原文的忠实。翻译要发扬自由创新精神，敢于变通，再现原文的整个意境和情感。

(3)强调翻译要走向读者。翻译中不能忽视的大事在于吸引读者，这就要求翻译忠实于原文，用读者的表达习惯去翻译，并且将原文的风格表现的有艺术、有文采。他用心感悟严复的翻译理论，以此来思考如何吸引预定的读者。

(4)重视文化研究。他认为译者必须是真正意义上的文化人，因为翻译和文化的关系非常紧密。在一种文化里不言而喻的内容，却成为另一种文化无法解释的内容，这就是文化差异的体现之一。他强调应该在两种文化的背景下去研究翻译，将翻译研究和比较文化相结合，并由此开创了中国翻译界的“文化翻译派”。

### 2. 叶君健的翻译理论

叶君健作为著名的翻译家和儿童文学家，精通多种语言，翻译了许多儿童文学作品和抗战文学作品，并且因翻译安徒生的童话而扬名。他主要有两个翻译观点。

(1)认为翻译是一种独具个性的创造性活动，其中有译者的介入行为。翻译不是复制而是二次创作，这种二次创作是建立在原作的基础之上的。同时他还指出，要想译文绝对忠实于原文是没有意义，也是无法实现的。译文只能是无限接近原文而已，并且翻译人员的综合素质、社会的传统文化都影响着译文对原文的忠实程度。

(2)认为翻译不仅仅要再现原文内容，而且要基于本土文化创造精品，这里的精品是指具有永恒的文学价值的作品。当然要实现这一点，对译者的翻译水平有着较高的要求。

## 第二节　西方翻译理论

20 世纪 50 年代是西方翻译理论研究的重要分水岭，自此西方出现了一批从语言学角度进行翻译理论研究的学者，这些研究成果表明西方翻译研究的语言学转向。学者已经开始从翻译经验层面进入到了翻译理论研究层面。下面详细对西方翻译理论的发展及其重要的翻译理论进行总结与论述。

对于西方翻译理论发展历史进行分析可以得出以下几点。

(1)翻译研究在 20 世纪 50 年代以来开始得到了突破性的发展。

(2)翻译理论研究的深度与广度都超过了以往的任何一个时期。

(3)翻译理论的不断发展受到了越来越多学者的关注。西方很多学者对于翻译理论的研究开始从前人的基础上进行总结与发展。例如，美国学者埃德温·根茨勒将翻译理论分为“美国翻译培训派”、“翻译科学派”、“早期翻译研究派”、“多元体系派”、“解构主义派”等五大流派。

对于西方重要翻译理论的研究，很多学者持有不同的观点。笔者认为，在时代发展和翻译研究深入的基础上，除了传统的语言翻译学派、语文学派之外，还有着很多新兴的翻译学派值得重视。因此下面对西方主要的翻译理论以及一些新兴的翻译理论进行介绍，以期从新的视角对翻译进行研究。

## 一、结构主义翻译理论

结构主义是西方翻译的重要理论之一，下面对这个理论进行介绍与分析。

### （一）结构主义的定义与目的

持结构主义翻译理论的西方思想家们都使用“结构”或与其相近的概念来从事研究，因此被称为结构主义。

结构主义是一种认识和理解事物的思维方式和方法。在心理学、人类学、语言学、文学批评等学科中，结构主义是以结构分析法为特点的一股研究的潮流、倾向。

结构主义的目标是“永恒的结构”，人们的行为、情感、姿态等都被纳入结构中，并通过对这些“结构”的分析得到其本质。“明确地寻找心灵本身的永恒的结构，寻找心灵赖以体验世界的，或把本身没有意义的东西组成具有意义的东西所需要的那种组织类别和形式。”①

### （二）结构主义的特征

皮亚杰（Piaget）是结构主义的代表人物，他认为一个结构通常具有以下三种特性。

（1）整体性。结构的整体性是由构成这一结构的各要素相互依存而产生的，然而结构的整体性不等于构成其各个要素的简单叠加，而是各要素之间有机结合而产生的功效。一个结构的整体往往要优于部分要素或各要素的简单相加。

（2）动态性。结构不是静态的，而是一个由若干转换机制而形成的动态系统。一切结构，无论是最初级的数学群结构，还是

① 黄成洲，刘丽芸．英汉翻译技巧[M]．西安：西北工业大学出版社，2008：2.

决定亲属关系的结构，都是一个变化着的转换系统。

(3)具有自我调整功能。结构有着自我调节的功能，主要有三种形式：节律、调节和运演。自我调节是结构的本质特性，涉及到结构的内在动力，具有一定的守恒性以及某种封闭性。尽管前面指出结构具有动态性，但无论如何转换都不会超越结构的边界，更不会导致结构解体。不断变化的结构系统所产生的要素总是属于这个结构，并能保存该结构的规律。需要指出的是，结构变化中产生的因素并非一个子结构。

### (三)后结构主义

(1)后结构主义的定义。结构主义的发展也面临着一系列挑战，其中最为突出的是德里达于 1966 在一次国际学术会议上所做的长篇演讲——《结构、符号与人文科学话语中的嬉戏》，这被认为是结构主义向后结构主义过渡的转折。

(2)后结构主义的特点。后结构主义侧重结构的建构和解构。后结构主义者认为，所有知识可以通过描写来得到，可以通过一定的中介或被组织在话语中而被理解；人们只有通过“字”才能和“物”建立起联系；结构没有其终极意义，因此解释的目的也不是去寻找意义，更不会关注其普遍结构，而是强调事物的本身以及这个阐释过程。结构就像一个洋葱头，包含很多层，而“解释”能够一层一层地深入展开，且每一层还会转化成一个新的表意系统，就像是在剥洋葱，剥到最后发现里面并没有核心，而这一层一层所包裹的只是其本身表层的统一。

由上述观点来看知识和学习的话，知识结构就不是现实世界的准确表现，因为它一直处在变化发展中，情境一旦发生变化，知识结构也随之需要被重构。因此，学习也不再是简单地由外到内地转移、存储知识，更多的则是学习者自己主动构建知识的过程。如此一来，以结构主义为依据的两个学习理论假设就不再成立，即不能假设学生有着共同的起点、实现共同的目标；不能假设学生掌握典型的、非情境性的知识领域。

就目标而言,后结构主义者希望借助科学的力量更深入地了解人的地位和能力,希望将文史哲摆脱传统的以人、理性以及形而上学的真、善、美为中心的思维模式的束缚。

## 二、解构主义翻译理论

### (一)解构主义的定义

解构主义兴起于20世纪60年代的法国,是一种后现代主义思潮,主要代表人物有被称为结构主义之父的雅克·德里达(Jacques Derrida),还有米歇尔·福柯(Michel Foucault)、罗兰德·巴尔特(Roland Barthes)、朱丽娅·克利斯蒂娃(Julia Kristeva)等人。

解构主义,英文为deconstruction,就该词本身来看,其含义是"解构",似乎并无"……主义"的含义,但若按照字面意思翻译成"解构"不符合汉语规范,也不方便读者理解,因而通常将其翻译为"解构主义"。然而,德里达等结构主义思想家却有一种抵制"主义"、"理论"的倾向,否认自己是理论家。

解构主义产生于对结构主义的批判,其主要特征就是消解性,并系统解构了结构主义关于结构、意义等概念,并因此而得名。

### (二)解构主义翻译理论的主要观点

解构主义翻译理论的主要观点主要有以下几种。

(1)翻译作品要经过"来世"(afterlife)的检验才能证明其价值。所谓"来世",是指不同的读者对原文所做的不同的、互补性的阐释。可以说,翻译不仅传达了原文的内容,更是使原文能够流传下去的一种重要手段。

(2)翻译是在不断分析中表现异同。翻译往往能够使人们切实感受到源语和目的语之间的差异,对这种差异的反应程度决定了一篇译文价值的大小。因此,译者要在翻译过程中尽量表现这种差异。

(3)原文与译文之间是平等互补的关系,而非传统的"模式复制"关系。该理论认为,所有文本都有"互文性",这否定了文本的权威性和创造性,甚至否定了作者的著作权,打破了原文与译文的界限。

解构主义翻译理论并未具体探讨翻译的过程,也未提出具体的描写性或规定性的翻译模式。归根结底,解构主义翻译理论只是在解构主义文学批评理论影响下产生的一种翻译观,一方面夸大了人们对翻译理论的认识,另一方面也带来了一定的消极影响。

### (三)解构主义翻译理论的特征

解构主义最突出的特征似乎就是"没有特征"。解构主义解构一切,不仅使一切破碎,其自身也处于破碎的过程中。这种"解构"既没有尽头,也没有凝聚点。

解构主义思想家保罗·德·曼(Paul de Man)认为,解构思想是一种"抗拒理论的理论"。但若绝对地说解构主义"没有特征"又不甚妥当,既然解构主义成为一个思潮,有众多代表人物,意味着其必定有一些共同的理论、基本原则等。

解构主义对翻译理论也有着重要影响。解构学派认为原文文本终极意义并不存在,否认原文作者至高无上的权威地位,废除了原文与译文的分界和从属关系,认为译者同原文作者同样是创造者,译文就是创造出来的,因而也不会完全忠实于原文。无疑,这种翻译理论对传统观念而言是一个巨大的冲击,促使人们反思传统翻译理论中的某些既定认识。西方国家中就有很多翻译理论家将此翻译理论运用于翻译研究中,质疑和挑战传统翻译理论中"忠实"、"原文至上"的原则,形成了独特的解构主义翻译理论。

解构主义的核心论点有二:(1)解构主义者热衷于挑战和反权威;(2)社会现象的意义可以被无限地解读、延伸。

### (四)解构主义翻译理论的启示

学习解构主义的一个关键点就是要认清解构与创造的关系。初学者往往误以为解构主义就是破坏一切,破坏就是其根本目的,实则并非如此。解构主义的创造性或者说“重构性”才是其本质,而非简单地否定、破坏。

我国最初关于解构主义翻译理论的研究则忽视了其“重构性”,而只注意到其破坏性、否定性,走了一些歪路。而西方的很多翻译学者都注意到了这一点,他们将结构拆解以后并未就此停手,而是努力使结构外部的因素和结构内部的因素相结合,互相碰撞,产生多元重构。

美国哲学家大卫·雷·格里芬(David Ray Griffin)认为,只有建设性的解构主义才能真正代表后现代运动,解构主义思想并不仅仅是“解构对现代世界观来说至关重要的概念,而在于建构一种新的宇宙论(它可能成为未来几代人的世界观)的必要性和可能性。”①

由上可以看出,解构主义思想家们的重点多集中在“重构性”(reconstruction)一词上,这是因为该词本身就代表了解构的本质。解构主义思想家们往往利用怀疑、否定的精神破坏旧的观念,找出其中的非逻辑因素以及理论缺陷,以此为切入点打开目标结构,从而使其内部因素能够与外部因素相互作用,展现出更多的可能性和更多元的研究视角。正是由于这种否定和怀疑的精神,新的观念、解构才得以产生。可见,解构主义的拆解性和破坏性正是其着手创造的基础和开端,我们对解构主义的认识不能停留在表面。

### (五)解构主义翻译理论的缺点

任何理论都不是完美的,“解构主义”也同样如此。尤其是其

① 黄成洲,刘丽芸.英汉翻译技巧[M].西安:西北工业大学出版社,2008:4.

对原作者权威性的质疑和否定，对原文意义不确定性的夸大，以及对译者创造自由的过分肯定，无疑都会为随心所欲地曲解或误解提供借口，使翻译陷入混乱状态。

需要指出的是，解构主义只是一种翻译观，既有其合理的一面，也有其不足的一面，我们不能以偏概全，认为解构主义就是终极真理，事实上它本身也并非一种完整的思想体系。

## 三、建构主义翻译理论

### （一）建构主义的定义

建构主义是一种哲学观和认识论，主要研究人如何理解和认识。瑞士心理学家皮亚杰、美国哲学家及教育家杜威、德国哲学家康德、意大利哲学家维科以及俄国心理学家维果斯基等都对建构主义思想发表过意义深远的言论。

建构主义理论认为，主体不能直接与外部建立联系，只能借助内部建构的基本认知原则来组织经验，最终形成知识。主体与外部环境相互作用以后才能使认识得以发展。就学习而言，建构主义强调建构性（即主体改造、充足原有经验，建构新信息意义）、目的性、主动性、情境性和社会性。建构主义认识论和学习观变革了传统的学习理论，并导致了新的教学思想的产生。

### （二）建构主义翻译的特点

建构主义翻译理论是在对结构主义和解构主义翻译理论研究范式的反思和批判中建立起来的一种新的、理性建构的翻译研究模式。它以交往理性、实践哲学以及言语行为理论为基础，具有实践性、开放性、社会性等特点。其研究模式清晰且多元，并具有重构的性质。

言语行为理论是建构翻译学的语言基础。建构翻译学更加关注实际使用的言语问题，这和封闭、自足的结构主义语言学相去甚远。具体语境中,言语主体有其各自的目的、情感和价值判断。因此,语言在使用中除了要遵守构成性规则,还要遵守调节性规则。在实际的实践活动中,这两套规则应该综合起来加以使用,不仅要翻译得准确,还要翻译得得体。

共识性真理是建构翻译学的真理观基础。这种真理观的判断标准通常是公众的共识,是一种自然的客观。显然,当公众的共识产生变化时,人们的审美情趣、价值观念也会随之而变化。因此,这种真理观总是以当时人们的观念为评价的标准。尽管如此,不以时间为转移的客观性也仍符合真理观。例如,我们在翻译科技语篇中经常遇到一些客观真理,此时译者就要以这种真理观为基础,使译文符合科学知识的客观性。

建构翻译学要求,译文不仅要具有合理性、可接受性,并符合知识的客观性,还要尊重、忠实原作的定向性和图式框架。这不仅避免了结构主义翻译理论的封闭性,也避免了解构主义翻译理论可能带来的译者主体意识太强烈以及翻译的随意和混乱,促使翻译活动更加有序,保证跨文化交流的顺利开展。

## 四、女权主义翻译理论

### (一)女权主义翻译理论的定义

女权主义翻译理论盛行于加拿大,其主要代表人物有:谢莉·西蒙(Sherry Simon)、巴巴拉·戈达尔德(Babara Godard)等。

20 世纪 70 年代至今,西方女权运动的一个重要概念就是“社会性别”,这是对 19 世纪以来西方盛行的“生物决定论”的有力挑战,也是女权运动的有力武器。“社会性别”概念对于提高女性的社会地位、改变男女不平等的社会权利结构来说意义重大。自女权主义思想萌发至 20 世纪 90 年代初,女权运动的影响范围已十分广泛,涉及经济、政治、文化(包括翻译等)等各个方面。因此,女权主义翻译理论也成为近年来新兴的一个翻译研究领域。

### (二)女权主义翻译理论的特征

女权主义翻译理论认为,传统翻译将原作视为强有力的、占主导地位的男性,而将译文视为派生的、从属的女性,译作依附于原作,正如女人依附于男人一样。她们认为这一传统观点不仅贬低了译者、译文,同时包含了对女性的歧视。因此,持女权主义翻译理论的学者们要求重新看待原作和译文的关系,她们认为译文应和原文享有同样的地位。

西蒙曾指出,女权主义翻译思想的目标是要揭示和批判那些将女性和翻译视为社会和文学低层的思想。传统翻译理论中将翻译“女性化”的过程是对女性以及翻译活动的不尊重,女权主义翻译思想要改变这种错误的思想认识,提升女性以及翻译的地位。

## 五、后殖民主义翻译理论

### (一)后殖民主义翻译理论的定义

20 世纪 90 年代的文化研究受政治影响越来越大,产生了后殖民主义。后殖民主义集合了多种文化(如解构主义、女权主义、后现代主义方法等)的政治理论和批评方法,揭露了帝国主义对第三世界国家文化霸权统治的实质。因此,后殖民主义往往提倡消除“中心”、“权威”,主张文化研究的多元化,倡导东西方之间的关系应由对抗转为对话。

### (二)后殖民主义翻译理论的特征

和解构主义、女权主义所不同的是,后殖民主义关心的不是文化的一般问题,而是综合了政治、民族、种族、帝国主义等多种因素、带有强烈政治色彩的问题。具体来说,后殖民主义主要分析宗主国和殖民地的关系、帝国主义的文化侵略，揭露了西方形而上学话语的局限性，使民族、文化或团体成为话语的“主体”和心理认同的对象。换言之，后殖民主义以殖民地本身的文化为出发点，解构西方的文化霸权主义和中心主义。

西方国家对第三世界国家的文化霸权在翻译上有着明显的表现：大量用英语等强势语言写成的西方著作被翻译成了小国的弱势语言，而使用弱势语言写成的作品被译成英文的却极少。赛义德将这种翻译上的不平等现象称为“文化帝国主义”。有观点指出，过去帝国主义以政府领土和武装霸权开展殖民活动，在时代不断进步和发展的今天，帝国主义则更注重对第三世界国家文化领域的入侵，如利用文化刊物、学术讲座、旅行考察等方式同化殖民地人们的意识，不知不觉中开展经济、政治、意识形态、文化殖民主义活动，而翻译就是让弱势国家群众认识和接受西方文化的重要工具，其结果就是“西化”殖民地，即后殖民主义化。

## 六、现代主义翻译理论

### （一）现代主义的定义

“现代主义主要指西方资本主义诞生以来所形成的一系列哲学观、社会观、价值观，它是在与中世纪基督教神权统治的对抗中逐步形成并随着资本主义社会的发展而发展的。”①

### （二）现代主义的特点

现代主义最大的特点就是崇尚人类理性，并认为尽管自然和人类社会在不断地变化发展，但在这背后一定有一些相对稳定的结构和变化规律。人类可以也应该依靠自己的理性发现这种结构和规律，从而促使社会不断进步，并实现人类生命的价值和意义。因此，结构、规律、价值、意义、真理、稳定性等都是现代社会

① 黄成洲，刘丽芸．英汉翻译技巧[M]．西安：西北工业大学出版社，2008：6.

的基本观念。而资本主义一百多年的发展历程也是围绕着这根主线,并明显体现在科学、哲学、文学、艺术等学科中,如牛顿提出了万有引力、达尔文提出了自然进化论、黑格尔的哲学观以及西方的古典艺术等无不受到这种观念的影响。

然而,现代主义并非完全正确,它也有自身的弊端:它认为人类的理性是完美无缺的,依靠理性人类可以不断进步,社会可以越来越美好。但是,当资本主义进入后工业时代后,暴露出种种矛盾和社会问题,人们发现资本主义并非想象的那样好,通过一系列的反思、探索,于是产生了后现代主义文化思潮。

## 七、后现代主义翻译理论

### (一)后现代主义的定义

后现代主义是法国后结构主义和德国解释学相结合的产物,盛行于19世纪60年代的西方资本主义社会,影响广泛。后现代主义的思维方式和思维态度都和现代主义相对立,也是对现代主义的否定和超越。

### (二)后现代主义翻译理论的特点

西方后现代主义阶段的翻译理论研究最大的特点就是高度的合作性和跨学科性。后现代主义阶段将翻译理论研究与翻译以外的因素相结合,如研究翻译与社会、政治、意识形态等反映社会权力关系的文化如何发生互动,如翻译理论研究的后结构主义、解构主义、女权主义、后殖民主义等。

通过上述对中西方翻译理论发展历程的对比分析,笔者发现,西方翻译理论基本已经成熟,并且形成了自身独立的学科与研究范式。国内对于翻译理论的研究,主要将其划分在语言学研究范畴之下。由于翻译的跨学科性强,因此这种语言学视域下的研究便相对有些局限。

从长远的发展上看,我国对于翻译理论的研究应该向西方借鉴,从翻译经验论向翻译理论研究转变。同时我国的翻译研究要跟上国际翻译学研究的发展步伐,积极调整自身的研究结构。同时翻译理论研究的多学科视角也成为了一个重要的研究方向。但值得指出的是,我国的翻译研究在引进国外研究理论的基础上应该避免被国外理论所吞食,保持自身的研究方向与研究领域。

# 第三章　英语文本综述

语言是思想交流的工具。但是，语言要想进行思想的交流，就必须借助一定的媒介，即文本。可见，文本是一种重要的表达方式，对于信息的沟通发挥着不可或缺的作用。本章就对英语文本进行综述，首先分析英语文本的定义与分类，然后阐述其语言特征。

## 第一节　英语文本的定义与分类

### 一、英语文本的定义

英语文本就是由一定的文字所组成的语言单位。具体来说，英语文本具有以下几个方面的内涵。

(1)英语文本具有一定的语言形式且符合基本语法规范。

(2)英语文本表达一定的主题。

(3)英语文本具有一定的功能。

(4)英语文本是翻译的基本单位。

文体是与文本是非常相近的概念。为了深化对英语文本的理解，对二者进行对比分析就显得十分必要。

简单来说，文体就是各种语言变体。就目前的情况来看，理论界普遍认为文学文体与实用文体是最重要的两个文体类别。更具体地说，文学文体包括小说、诗歌、散文、戏剧等，实用文体则包括科技文体、商务文体、广告文体、旅游文体、新闻文体、法律文体等。

可见，文体是具有特定功能的文本，文本与文体是内容与形式的关系。换句话说，文本是文体的具体内容，文体是文本的表现形式，文体的功能需要通过文本来体现。

## 二、英语文本的分类

在德国语言学家布勒（Btlhler）看来，语言是一种工具模式。换句话说，当一个人要告诉另一个人某件事情时，他应以语言为媒介。因此，语言行为既要依赖作为交际工具的符号系统，又与说话人、受话人和所谈论的事情等三个要素有着密切的关系。据此，布勒将语言的功能总结为以下三种。

(1)描写功能。描写功能用来对各种事实进行陈述。

(2)呼吁功能。呼吁功能用来对受话人施加影响。

(3)表现功能。表现功能用来表现讲话人本人的各种特点。

上述三种功能在言语行为中都是存在的。但是，在具体的语境中，往往是其中的一种功能占据主导地位。此外，当谈话的重点发生转换时，占主导地位的功能也会发生转换。

德国功能主义学派翻译理论学者莱斯（Katharina Reiss）接受并发展了布勒的观点。莱斯认为，词语与句子并不是翻译的单位，翻译应以文本为单位，对翻译等值的考量也应在文本层面上进行。莱斯将文本分为以下三个类别。

(1)表达性文本（expressive）。表达性文本主要包括具有审美功能的文本和创作性的文本。例如，文学作品就属于这一类型。

(2)信息性文本（informative）。信息性文本更加关注文本的内容，主要围绕事实真相、观点、知识、信息等展开交流，语言的逻辑或功效是主要的影响因素。

(3)操作性文本（operative）。操作性文本以交谈、对话为主要形式，旨在通过劝诫、劝说、引诱、要求等来呼吁读者以某种方式作为。可见，呼唤是操作性文本的主要功能。

以此为基础，莱斯对语言的三种功能与其他因素之间的关系进行了更加深入的研究，如表 3-1 所示。

**表 3-1 语言功能与其他因素之间的关系**

| 文本类型 | 表达性 | 信息性 | 操作性 |
|---|---|---|---|
| 语言功能 | 表达（表达信息发出者的态度） | 信息（展示客体与事实） | 呼唤（向文本接受者发出呼吁） |
| 语言维度 | 美学的 | 逻辑的 | 对话/交谈 |
| 文本聚集点 | 形式 | 内容 | 呼唤 |
| 译文应该 | 传达美学形式 | 传达功效（所指）内容 | 引起预期的反映 |
| 翻译方法 | 采用源语作者观点的“识别性方法” | “平铺直叙”的解释性翻译 | “改编”，等效 |

（资料来源：李和庆、黄皓，2012）

此外，莱斯还对三种文本类型相对应的体裁进行了罗列，如图 3-1 所示。

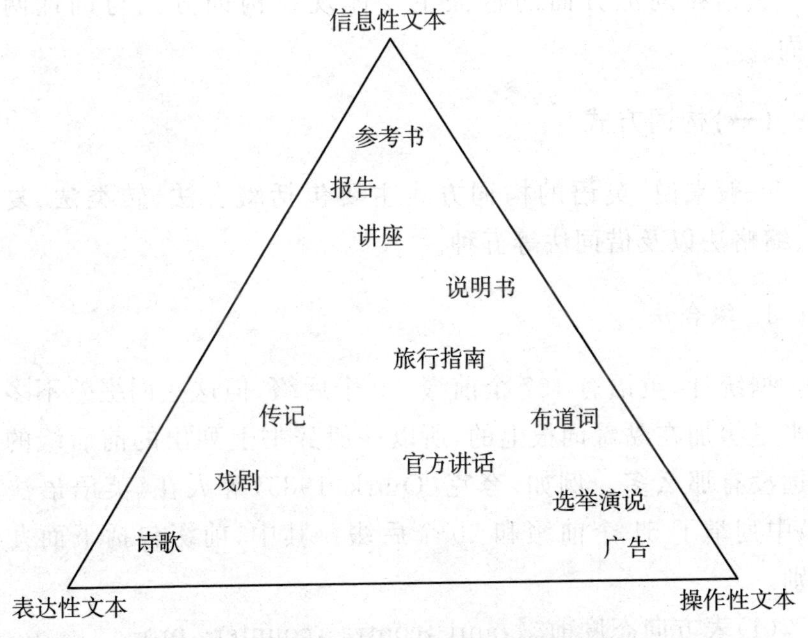


**图 3-1 莱斯(Reiss)的文本类型及其功能**

（资料来源：Munday，2001）

莱斯关于翻译的文本分类的思想在学术界具有重要的影响。根据这一思想，翻译的过程就是确定文本类型、体现文本功能的过程，译者应始终以文本的功能与作用为主线来安排、指导、调整自己的翻译活动。

## 第二节　英语文本语言分析研究

尽管英语文本有多种类型，但不管是哪种文本，其在语言表达方面都具有一定的共性。本节就从词汇、句子以及语篇等三个层面来对英语文本进行语言分析。

### 一、词汇特征

英语在词汇方面的特征主要体现在构词方式与词性两个方面。

#### （一）构词方式

一般来说，英语的构词方式主要包括缀合法、转类法、复合法、缩略法以及借词法等五种。

1. 缀合法

据统计，英语有 107 个前缀，79 个后缀，但这些词缀差不多有一半是缀加在黏着词根上的，所以一般辞书上列出的前后缀的数量远没有那么多。例如，夸克（Quirk，1985）等人在《英语语法大全》中列举了 51 个前缀和 50 个后缀。其中，前缀包括下面九个类别。

（1）表方向态度前缀：anti-，contra-，counter-，pro-。

（2）表方位前缀：extra-，fore-，inter-，intra-，super-，tele-，trans-。

(3)表贬义前缀:mal-,mis-,pseudo-。

(4)表否定前缀:a-,dis-,in-(变体 il-,ir-,im-),un-,non-。

(5)表数前缀:bi-,di-,multi-,semi-,demi-,hemi-,tri-,uni-,mono-。

(6)表时间前缀:ex-,fore-,post-,pre-,re-。

(7)表程度前缀:arch-,co-,extra-,hyper-,macro-,mini-,out-,over-,sub-,super-,sur-,ultra-,under-。

(8)表反向或表缺前缀:de-,dis-,un-。

(9)其他前缀:auto-,neo-,pan-,proto-,vice-。

英语后缀包括下面四个类别。

(1)名词后缀。名词后缀可表达多种含义,如表"性质、状态"的-age,-dom,-ery(-ry),-ful,-hood,-ing,-ism,-ship,-age,-al,-ance,-ation,-ence,-ing,-ment,-ity,-ness;表"人"或"物"的-eer,-er,-ess,-ette,-let,-ster,-ant,-ee,-ent,-er;表"人、民族"或"语言、信仰"的-ese,-an,-ist,-ite。

(2)动词后缀。动词后缀通常加在名词和形容词后,包括-ate,-en,-ify,-ize(-ise)。

(3)形容词后缀。形容词后缀通常加在名词或动词之后,包括-ed,-ful,-ish,-less,-like,-ly,-y,-al(-ial,-ical),-esque,-ic,-ous(-eous,-ious,-uous),-able(-ible),-ative(-ive,-sive)。

(4)副词后缀。副词后缀可用于名词或形容词之后,包括-ward(-wards),-ly,-wise。

### 2. 转类法

转类法通常包括下面五种类型。

第一种类型:形容词转化为名词。英语形容词转化名词包括三种情况。

(1)在形容词前加 the 表示一类人,如 the blind(盲人)。

(2)由分词转化为名词,如 young marrieds(年轻夫妇)。

(3)由普通形容词转化为名词,如 black 原为形容词,转化为名词指黑人。

第二种类型:形容词转化为动词。英语形容词转动词包括三种情况。

(1)转为不及物动词,如 slim,sour 等。

(2)转为及物动词,如 free,bare,still,forward,blind 等。

(3)转为及物和不及物动词,如 clear,dry,cool,slow,narrow 等。

第三种类型:名词转化为动词。例如:

名词:arm(武器),如 chemical arms(化学武器)

动词:arm(将……武装起来,为……提供武器),如 arm the militia(把民兵武装起来)

第四种类型:动词转化为名词。例如:

动词:reform(改革),如 to reform the policy(对政策[进行]改革)

名词:reform(改革),如 the reform and opening policy(改革开放政策)

第五种类型:其他词转化为形容词。英语中向形容词转化的词类很少,个别名词(通常表物质或性别)可以被看成是形容词,当作定语使用。例如:

women doctors 女医生

boy friend 男朋友

physics course 物理课

city life 城市生活

brick house 砖房

cotton clothes 纯棉衣服

通常情况下,形容词定语与名词定语在意义与功能上几乎相等。例如:

有名望的大学:prestigious(形容词) university 或 prestige(名词) university

富裕社会:affluent(形容词) society 或 affluence(名词) society

但是,二者还是有一定区别的。具体来说,名词定语侧重于职能方面的修饰或限制，而形容词定语则在属性方面起修饰作用。下面就是一些例外情况。

economy measure 节约措施（名词定语）

capacity audience 满座的听众或观众（名词定语）

obese specialist 胖专家（形容词定语）

capacious room 宽敞的房间（形容词定语）

obesity specialist 肥胖病专家（名词定语）

economic measure 经济措施（形容词定语）

3. 复合法

英语中通过复合法构成的复合词主要包括复合动词、复合名词和复合形容词三种类型。

第一种类型：复合动词。英语中的复合动词有以下 8 种构成格式。

（1）形容词＋动词，如 hot-press（热压）。

（2）名词＋动词，如 job-hunt（求职）。

（3）名词＋形容词，如 air-dry（晾干）。

（4）形容词＋名词，如 blue-pencil（用蓝铅笔校订）。

（5）动词＋动词，如 look-see（视察）。

（6）名词＋名词，如 wall-paper（贴壁纸）。

（7）数词＋名词，如 first-name（直呼其名）。

（8）副词＋动词，如 uplift（升高）。

第二种类型：复合名词。英语中的复合名词共有如下 19 种构成格式。

（1）动词＋名词，如 telltale（告密人）。

（2）名词＋名词，如 moonwalk（月上行走）。

（3）形容词＋形容词，如 newrich（新富）。

（4）形容词＋名词，如 deadline（截止时间）。

（5）动词＋动词，如 hearsay（传闻）。

（6）名词＋形容词，如 secretary-general（秘书长）。

(7)动词+形容词,如 makeready(准备就绪)。

(8)副词+动词,如 outbreak(爆发)。

(9)动词+副词,如 have-not(穷人)。

(10)名词+动词,如 toothache(牙疼)。

(11)代词+名词,如 he-goat(公山羊)。

(12)形容词+动词,如 whitewash(粉刷)。

(13)动词+-ing+名词,如 wading bird(涉水鸟)。

(14)副词+动词+-ing,如 upbringing(养育)。

(15)动词+-ing+副词,如 going-over(彻底审查)。

(16)名词+动词+-er,如 crime reporter(犯罪报道记者)。

(17)动词+-er+副词,如 looker-on(旁观者)。

(18)名词+介词+名词,如 mother-in-law(岳母)。

(19)名词+动词+-ing,如 brainwashing(洗脑)。

第三种类型:复合形容词。英语中的复合形容词有以下 15 种构成格式。

(1)名词+形容词,如 war-weary(厌战)。

(2)动词+名词,如 break neck(危险)。

(3)形容词+形容词,如 deaf-mute(聋哑)。

(4)数词+名词,如 ten-storey(十层的)。

(5)形容词+名词,如 barefoot(光脚的)。

(6)名词+名词+-ed,如 lion-hearted(勇猛的)。

(7)名词+动词+-ing,如 record breaking(破纪录的)。

(8)形容词+动词+-ed,如 fine-spun(细纺的)。

(9)副词+动词+-ing,如 forth-coming(即将到来的)。

(10)名词+动词+-ed,如 custom-built(定做的)。

(11)形容词+动词+-ing,如 easy-going(平易近人)。

(12)数词+名词+-ed,如 four legged(四条腿的)。

(13)形容词+名词+-ed,如 short sighted(目光短浅)。

(14)动词+-ed+副词,如 worn out(磨损的)。

(15)副词+动词+-ed,如 hard-won(来之不易的)。

#### 4. 缩略法

在英语中,缩略法主要通过以下两种方式构成新词。

(1)提取一个词组中主要词的首字母,然后连起来构成一个新词,这种词叫"首字母缩略词"(abbreviation)。例如:

IOC=International Olympic Committee

V. O. A=Voice of America

通过缩略构词法构成的新词在词义上与原词组的词义保持不变,在语法功能上通常作名词使用,有些情况下也可以作为动词使用。

(2)将一个词的某一部分剪去,留下那些在书写形式和读音上较为简洁的部分,但是在词义和词性上通常不会发生改变,这种词叫做"缩短词"(clipped word)。例如:

copter=helicopter

flu=influenza

fridge=refrigerator

#### 5. 借词法

借词法主要包括两种方法,一种是音译法,另一种是意译法。音译法借词通常被认为是综合表达,而意译法借词则被认为是分析性的。

由于通过音译词的词义和构词成分之间没有任何语义联系,也不遵守中心词原则,因此音译词是彻底词化词。英语中借词通常采用意译较少,而更多地采取的是音译,由于音译词是完全词化了的词,因此这些词的透明性和可分析性都不强。例如:

blitz 大规模闪电战(来自德语)

mafia 黑手党(来自意大利语)

matador 斗牛士(来自西班牙语)

sushi 寿司(来自日语)

此外,英语中也有大量的从汉语中借来的词语。例如:

chow fan 炒饭

fengshui 风水

kowtow 磕头

kungfu 功夫

tai chi 太极拳

tofu 豆腐

wonton 馄饨

yum cha 饮茶

### (二)词性

英语中很少使用动词来表示动作含义,属于典型的静态语言。因此,英语词性常常表现出以下几个方面的特征。

#### 1. 名词主导

英语中的名词有很多都来源于动词,这些动词不仅有丰富的变化形式,还可以用来表示动作、行为、状态以及某种情感等多种含义。所谓名词主导,就是指在英语中名词的使用频率远远高于其他词。例如:

There is no shortcut to the mastery of English.

掌握英语无捷径。

Some knowledge about the structure and history of Chinese is helpful for your study of the language.

对汉字的结构、发展史有所了解有助于大家学汉语。

#### 2. 形容词的动态特征

英语中的形容词具有明显的动态特征,可以用作定语、表语、宾语补足语以及状语等。例如:

She had on a red woolen sweater, fitting her tightly at the waist. Twice he shook his head, unable to get used to having her there opposite him, nervous an expectant. The trouble was she had always seemed so aloof.

她身穿红色羊毛衫，非常合身，突出了她的腰身。他很不适应和她面对面坐着，两次摇了摇头，紧张地期待着。原因是她以前总给人一种遥不可及的感觉。

The American veterans are guilty of what they have done in Vietnam.

美国越战退伍军人为自己在越南所做的一切感到愧疚。

### 3. 副词的动态特征

英语中不仅形容词具有动态含义，很多副词也具有动态含义。例如：

He was up with the sick child all night.

他陪伴着生病的孩子彻夜未眠。

When Mom left home, she let me promise not to let stranger in.

妈妈走时让我答应不让陌生人进来。

### 4. 介词的广泛使用

概括来说，英语中的介词主要包括以下四类。

(1)简单介词，如 on, in, by, from 等。

(2)合成介词，如 upon, without, outside 等。

(3)双重介词，如 from behind, from under, along by 等。

(4)成语介词，如 in front of, in spite of, on behalf of 等。

由于英语以名词为主导词类，频繁使用名词必然会导致英语介词的广泛使用。据英国著名语言学家寇姆(Curme)统计，英语中的介词共有 280 个之多(王武兴，2009)。例如：

Professor Smith did not travel by air for fear of having a heart attack.

史密斯教授害怕突发心脏病，没有乘飞机去旅行。

I know him quite well, for we are in the same office.

我非常了解他，因为我们在同一个办公室工作。

## 二、句子特征

句子是比词汇更高一级的语法层次，是能够独立表达完整语义的语言结构单位。英语句子的特征主要表现在以下几个方面。

### （一）多使用形合法

所谓形合法，是指语言的词语与分句之间用自身的形式手段（如关联词）连接起来，表达语法意义和逻辑关系（王武兴，2009）。正是由于英语的这一形合特征，所以其连接手段和形式非常丰富，具体包括连词、介词、关系副词、关系代词、连接代词、连接副词等。此外，英语的形合特点也使其句子结构犹如大树一般，主干分明、枝繁叶茂，句子也呈现出以形驭意、以形统神的特点。例如：

On campuses all across the United States, Americans who lectured and studied in China in the 1930s and 40s today are invigorating our own intellectual life—none of them with greater distinction than Professor John K Fairbank, who honors us by joining my traveling party.

今天在美国的各个大学里，曾经于30年代和40年代在中国讲学并做过研究的美国人正活跃着美国的学术生活。他们中间最有名望的是费正清教授，他这次同我们一起访华，使我们感到荣幸。

本例虽长却结构清晰：主语是Americans，谓语是are invigorating，句中由who引导的两个定语从句分别修饰Americans与Professor John K Fairbank。英语句子的形合特征在本例中体现得淋漓尽致。

### （二）多使用短语

英语中的短语具有以下两个特点。

(1)句法功能多样。例如,不定式短语在句子中可充当主语、表语、定语、状语等。

(2)种类丰富。英语短语因其中心词词性的不同可以分为名词短语、形容词短语、动名词短语、副词短语、介词短语、不定式短语、分词短语、动词短语等。

现代语言学研究表明:英语句法单位的主体是短语或词组,而并非大量存在的天然词汇。换句话说,短语是英语句子的主要构件。例如:

You must live up to your parents' expectations. (live up to 是动词短语)

你不能辜负父母对你的期望。

Her new book on the stock market recently published never amounted to a hill of beans. (her new book 与 a hill of beans 是名词词组)

她最近出版的一本关于股市的书根本不值得一看。

The president is considering promoting him to a higher position. (promoting him to a higher position 是动名词短语)

总裁正在考虑提拔他。

## (三)多使用被动句

就句子的语态来看,英语多用被动语态。具体来说,动词在英语句子中的使用频率很高,而且大多数及物动词或类似于及物动词的词组都具有被动语态。当动作的对象是谈话的中心话题、无从说出动作的实行者是谁、不知道或没有必要说明行为的实行者时,都会用到被动语态。此外,当为了加强上下文的连贯、衔接或为使表达更加委婉时,也会用到被动语态。例如:

You're wanted on the phone.

你的电话。

Visitors are requested to show their tickets.

来宾请出示入场券。

The audience are quested to keep silent.

请听众保持肃静。

### (四)多使用长句

英语是主语显著的语言(subject-prominent language),因此较多出现“多枝共干”式的长句。具体来说,英语以“主语—谓语”(subject-predicate)结构为句子主干,然后利用各种连接词把具有修饰、限定、并列、补充等作用的短语、从句等往主干上添加。例如:

While the present century was in its teens,and on one sunshiny morning in June,there drove up to the great iron gate of Miss Pinkerton's academy for young ladies on Cheswick Hall,a large family coach,with two fat horses in blazing harness,driven by a fat coachman in a three-cornered hat and wig,at the rate of four miles an hour.

本世纪才过了十几年,在六月的一个早上,天气晴朗,一辆宽敞的私人马车来到契斯维克林荫道上平克顿女子学校大铁门前。拉车的两匹马很是肥壮,马具雪亮雪亮的。车夫也很肥胖,头上戴着假发和三角帽。赶车的速度是一小时四英里。

本例以 there drove up…a large family coach 为主干,许多短语成了附结于“主干”之上的大小枝蔓。

### (五)多使用前重心结构

句子重心是指阐明句子重要信息的成分。英语民族的思维方式属于直线型,因此他们倾向于开门见山地直接表达思想、感情和观点。受这种思维方式的影响,重要信息常位于句子的前面,次要信息则常常被置于重要信息的后面,从而使英语句子体现出前重心结构的特征。

具体来说,前重心结构主要体现在以下三个方面。

1. 先果后因

通常情况下，英美人习惯先说结果，后表明原因。因果关系多体现在主从复合句中。例如：

There are many wonderful stores to tell about the places I visited and the people I met.

我们访问了一些地方，遇到不少人，要谈起这些，我有许多奇妙的故事要讲。

2. 先表态，后叙事

如果句子中叙事部分和表态部分同时存在，英语通常会先表态，后叙事，表态部分通常很简短，叙事部分则相对较长。例如：

No one will deny that what we have been able to do in the past five years is especially striking in view of the crisis which we inherited from the previous Government.

考虑到上届政府遗留下来的危机重重的局面，我们在过去五年里所取得的成绩也就显得尤其显著，这是没有人可以否认的。

需要提及的一点是，英语中特有的 it is… to 这一结构十分常见，它便于作者将句式中短的部分置于句首，长的部分置于句尾，这与英语的思维方式和表达特点是一致的。

3. 先前景，后背景

前景可以指信息的焦点、重要的信息；背景指事件发生的时间和地点以及其他门的伴随状况等次要信息。一般而言，英美人通常将前景放在句子前面，再给出背景。例如：

The street was deserted. I stood alone under a tree with all entanglement of bare branches overhead. Waiting for the last bus to arrive.

在寂寞的马路旁疏枝交错的树下，等候最后一辆汽车的只有我一人。

### (六)多使用向右扩展模式

英语拥有衔接功能强大的连接词语。此外,英语句子前重心,重主语,主谓框架完整且突出,谓语必须与主语在人称、数、时态等方面保持一致。这些因素的共同作用使句子向右扩展成为可能。例如:

Jack worked.

Jack worked hard.

Jack worked hard with a computer.

Jack worked hard with a computer in the lab.

Jack worked hard with a computer in the lab for ten months.

Jack worked hard with a computer in the lab for ten months in order to complete a project.

Jack worked hard with a computer in the lab for ten months in order to complete a project last year.

## 三、语篇特征

所谓语篇,是指一系列连续的话段或句子构成的语言整体。构成语篇的句子并不是杂乱无章地堆砌在一起,而是存在某种逻辑上的联系。英汉语篇的特征主要体现在段落结构与语篇发展模式两个方面。

### (一)段落结构

一般来说,英语段落通常包括主题句(topic sentence)、扩展句(supporting detail)、结论句(concluding sentence)三个部分。其中,主题句用来点明整个段落的中心思想或主题;扩展句通过细节对主题进行说明;结论句则重申段落主题,并与主题句首尾呼应。英语段落的结构特点如图 3-2 所示。

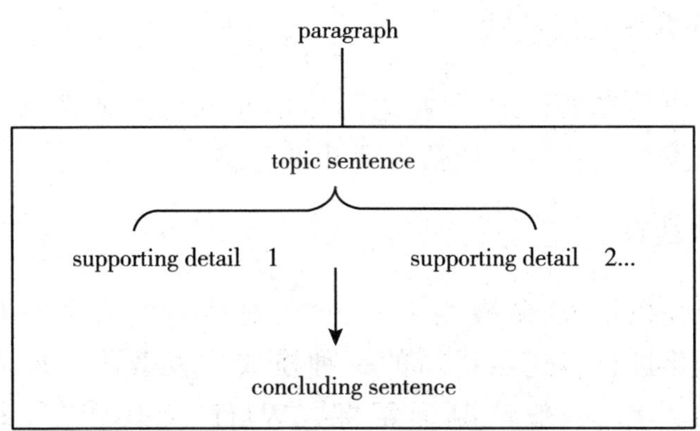


图 3-2 英语段落结构图

请看下面的例子。

(1) Charles XII of Sweden could also have avoided a bad outcome of events if he had not acted so impulsively in the Great Northern War, which began in 1700. (2) In this conflict, Russia went to war with Sweden over a foothold on the Baltic Sea. (3) Sweden was the favor to win, and dealt Russia a humiliating defeat at the Battle of Narva. (4) Peter the Great of Russia, however, took his early loss as a wake-up call and build up his navy. (5) While he was doing this, Charles became ambitious and made the poor decision to invade Poland, thus dividing his troops and resources. (6) He didn't pay any attention to his advisers, who urged him to stay the course of the war he was already in. (7) Sweden ended up losing the entire war because of Charles' actions at the final Battle of Poltava in 1721. (8) Charles would have succeeded if he had not ignored the suggestions of others.

本例共有 8 个句子。其中,(1)为主题句,开宗明义地点明了全段的主题。(2)至(7)为扩展句,围绕(1)进行了具体的论述。(8)为结论句,对(1)的观点进行了强调。总体来说,本段观点鲜明、理由充分、结论明确,是英语段落的典型代表。

## (二)语篇发展模式

所谓语篇发展模式,是指语篇中的布局谋篇或信息分布。英语的语篇发展模式主要包括下面几种类型。

### 1. 叙述模式

叙事是以记人、叙事为主要职能,对社会生活中的人或事物的发展变化进行叙述与描写的一种模式。叙事通常采取第一人称或第二人称,一般情况下要将“5W1H”交代清楚,即 when, where, what, who, why 和 how。例如:

The clock struck eleven at night. The whole house was quiet. Everyone was in bed except me. Under the strong light, I looked sadly before me at a huge pile of that troublesome stuff they call “books”.

I was going to have my examination the next day. “When can I go to bed?” I asked myself. I didn't answer. In fact I dared not.

The clock struck twelve. “Oh, dear!” I cried. “Ten more books to read before I can go to bed!” We pupils are the most wretched creatures in the world. Dad does not agree with me on this. He did not have to work so hard when he was a boy.

The clock struck one. I was quite desperate now. I forgot all I had learned. I was too tired to go on. I did the only thing I could. I prayed, “Oh, God, please help me pass the exam tomorrow. I do promise to work hard afterwards, Amen. ” My eyes were so heavy that I could hardly open them. A few minutes later, with my head on the desk, I fell asleep.

本例叙述了一个学生考前临时抱佛脚,熬夜读书的情节,有时间、地点、人物、事件等要素,体现了叙事模式的基本特点。

### 2. 匹配比较模式

匹配比较模式多用于比较两种事物的异同,常用于说明或议论。严格地说，比较模式用来说明事物的相似之处；而对比模式则是说明事物的相异之处。匹配比较模式的展开方式有两种，一种是点对点比较，另一种是整体比较。下面是一个整体比较的例子：

When millions of government officials are leading us from success to success in the economic reform, there are still some officials getting corrupted and this has held up the economic development of our country to some extent.

As tumors decay our health, corruptions have done great harm to the government's reputation. Some officials bribe or take bribes and cause people to lose trust in them. Tumors are divided into minor ones and serious ones. If the tumors are not serious, we have to take medicines or some other methods to prevent them from spreading effect; if they are serious, maybe they will cause death, but anyhow we still have to wipe them out. It is true of corruptions. Whether they are serious or not, we must be aware of their dangers and try our best to get rid of them.

In a word, corruptions are the tumors in the body of our. government; therefore, we should wipe them out in order to keep it safe.

本例属于整体比较，通过政府官员的腐败与身体的毒瘤之间的比较得出“必须铲除腐败”的观点。

3. 概括—具体模式

概括—具体模式又称“预览—细节模式”（preview-detailed pattern）、“综合—例证模式”（general-example pattern）或“一般—特殊模式”（general-particular pattern）。该模式的语篇展开顺序是：概括陈述—具体陈述 1—具体陈述 2—具体陈述 3，以此类推。例如：

All forms of activity lead to boredom when performed on a

routine basis. We can see this principle at work in people of all ages. On Christmas morning children play with their new toys and games. But the novelty soon wears off, and by January those same toys can be found tucked away in the attic. When parents bring home a pet, their child gladly grooms it. Within a short time, however, the burden of caring for the animal is shifted to the parents. Adolescents enter high school with enthusiasm but are soon looking forward to graduation. How many adults, who now complain about the long drives to work, eagerly drove for hours at a time when they first obtained their licenses? Before people retire, they usually talk about doing all of the interesting things that they never had time to do while working. But soon after retirement, the golfing, the fishing, the reading and all of the other pastimes become as boring as the jobs they left. And like the child in January, they go searching for new toys.

本例在第一句进行概括陈述,然后分别以儿童、青少年、成年人及老年人为例来论证第一句所提到的观点,体现了概括—具体模式的特点。

4. 问题—解决模式

问题—解决模式的语篇描述顺序为:说明情况—出现问题—做出反应—解决问题—做出评价。该模式的应用范围比较广泛,不仅出现在科学论文、新闻报道中,还出现在文学篇章中。例如:

(1) Helicopters are very convenient for dropping freight by parachute, but this system has its problems. (2) Somehow the landing impact has to be cushioned to give a soft landing. (3) The movement to be absorbed depends on the weight and the speed at which the charge falls. (4) Unfortunately most normal spring systems bounce the load as it lands, sometimes turning it over. (5) To avoid this, Bertin, developer of the aero train, has come up with an air-cushion

system which assures a safe and soft landing.

本例中,(1)向读者提供了一个情景,(2)提出了问题,(3)是对问题的反应,(4)是对反应的评价,(5)是结果,属于完整的问题一解决模式。

### 5. 主张—反主张模式

主张—反主张模式的语篇描述顺序为:提出主张或观点—进行澄清—说明主张或观点/提出反对主张或真实情况。该模式多出现于辩论性质的篇章中。例如:

Recently, more and more college students are mad about in business and taking part-time jobs. Some students give all their attention to keeping their business accounts straight, and some even pack up their books and turn entirely to business. They say that they are taking real-life courses to learn more about society and so they can keep pace with the outside world.

This is only a side of the story, however. They are actually selling themselves out as cheap unskilled labor, and at the same time, they are taking work from people who don't have access to a university education. What's more, they fail to live up to the expectation both the country and their parents hold on them, that is, they shall make good use of their innate talents and limited time in the university to finish higher education.

I think that, as college students, our priority is to study. Half-hearted efforts will only bring marginal results, and the opportunity to excel in society through a solid educational foundation will have been wasted.

本例中,作者在第一段点明了一些大学生所持有的"支持兼职工作"的观点,在第二段用事例来驳斥这一观点,在第三段提出"学习更重要"的观点,属于主张—反主张模式。

# 第四章 英语文本的基本翻译方法

上一章对英语文本进行了综述,并对其在词汇、句式、语篇等方面的特点进行了分析。本章将对英语文本的基本翻译方法进行阐述,具体也从词汇、句式及语篇等三个层面展开。

## 第一节 英语文本的词汇翻译

词汇可表达丰富的含义,是句子、篇章的基本组成单位。为准确传达词汇的真实含义,译者必须借助一定的翻译方法与技巧。

### 一、词义的选择

英语中的一词多义现象较为普遍,译者在进行词义的选择时可从以下几个方面入手。

#### (一)根据搭配关系

英语中的单词总是与其他词汇搭配在一起来表达一个完整的意思。当与其搭配的词汇发生变化时,其含义也常常发生变化。例如:

raise a family 养家糊口

raise an embargo 解除禁运

raise vegetables 种植蔬菜

raise a monument 树一座丰碑

raise a fleet 集结一支舰队

raise the dead 使死者回生

raise fears 引起恐惧

### (二)根据不同的专业领域

英语中的单词常常适用于不同的领域,并随着适用领域的不同而发生词义上的变化。例如:

(1)carrier

普通词义:运送者

无线电:运载火箭

航天:载波

半导体:载流子

军事:航空母舰

计算机:媒体

集成电路:载体

医学:带菌体

机床:刀架

航空:运输机

(2)element

普通词义:因素;要素

数学:元;素;诸元

化学:元素;成分

机械:零件;构件;部件

无线电:元件;器件

通讯:电码

气象:自然力;风雨

计算机:单元;基元

### (三)根据上下文的逻辑关系

英语单词在词典中的意义通常有若干种,但当处于某个特定语境时,由于受到上下文以及毗邻词汇的制约与影响,其词义就被固定了下来。换句话说,译者可根据具体的语境来判断单词的含义。例如:

She is the last person for this job.

她最不配干这份工作。

本例中,last 意为“没有能力做好某件事”。

She should be the last (person) to blame.

再怎样也不该怪她。

本例中,last 意为“责任不在她”。

She is the last person to come.

她是最后来的。

本例中,last 表现出其基本含义“最后”。

She is the last person to consult.

根本不宜找她商量。

本例中,last 应理解为“既然她拿不出什么好主意来,也就没必要去找她商量”。

This is the last place where I expected to meet you.

我怎么也没料到会在这个地方见到你。

本例中,last 意为“想不到会在某个地方见到某人”。

### (四)根据词在句中的词性

英语的句法非常严格,什么样词性的词可在句子中充当什么样的成分都有严格的规定。因此,当无法判断词汇的意义时,可通过对句子结构的分析来确定词汇的词性,然后以此为基础进行词义的选择。例如:

He will never see his like again.

他再也见不到他那样的人了。(名词)

I like lobster but it doesn't like me.

我喜欢吃龙虾,但吃了身体不适。(动词)

Like father,like son.

有其父,必有其子。(形容词)

Like enough it will snow.

很可能要下雨。(副词)

It doesn't look like snow.

天不像要下雪的样子。(介词)

She acts like she owns the place.

她很霸道,就好像那些地方都是她的。(连词)

## 二、词义的引申

英汉两种语言都有非常丰富的词汇,且这些词汇的含义并不是一一对应的。若一味地进行直译或者硬译甚至死译,则不可避免会使译文词不达意,晦涩难懂。在这种情况下,如果以词汇的基本含义为出发点进行适当引申,不仅可使译文更加流畅自然,还能更加有效地传递原文的真实含义。

一般来说,词义的引申主要包括下面几种。

### (一)词义引申

大多数英语单词的含义都可大体分为两种:原始义与引申义。所谓原始义,就是一个单词的基本含义,又称“直接义”。将原始义与具体的语境有机结合在一起,可引申出许多新的意义,这些新的意义就称为“引申义”。可见,原始义是引申义的基础,引申义是原始义的变化与发展。例如:

We are eager to benefit from your curiosity.

殷切希望从你们的探索精神中获益。

本例中,curiosity 的本义是“好奇心”,此处被引申为“探索精神”。

These resolutions are no more pious wishes and are still-born.

这些决议只不过是一些虔诚的愿望而已,其墨迹未干就不生效了。

本例中,still-born 的本义是“出生后即死亡”,此处被引申为“墨迹未干”。

The general's estimate of Hitler was cold-blooded and honest.

将军对希特勒的评价是客观的。

本例中,cold-blooded 的本义是“冷血的”,此处被引申为“客观的”。

### (二)逻辑引申

由于在思维方式上存在较大差异,英汉两种语言具有不同的内在逻辑关系,这就为翻译带来不小的障碍。因此,翻译时必须分析原文的隐含逻辑链条,将其文字背后的内容挖掘出来,这样才能使译文符合译语读者的阅读习惯,并使译文更加顺畅。例如:

If they could not see the Winter Palace with their own eyes, they could dream about it as if in the gloaming they saw a breath-taking masterpiece of art as they had never known before—as if above the horizon of European civilization was towering the silhouette of Asian Civilization.

如果他们不能目睹圆明园的风姿,那么他们也能在梦幻中身临其境:他们仿佛在冥冥之中见到一件令人叹为观止的艺术杰作,宛如在欧洲文明的大地上巍然展现出一副亚洲文明的剪影。

本例中,in the gloaming 被引申为“在冥冥之中”,a breath taking masterpiece 被引申为“令人叹为观止的艺术杰作”,… was towering 被引申为“巍然展现”。

Previously, if I had been really interested in a book, I would race from page to page, eager to know what came next. Now, I decided, I had to become a miser with words and stretch every sentence like a poor man spending his last dollar.

在那以前,我要是对一本书真感兴趣,我往往一页一页拼命往下翻,急于知道下文的内容。现在我决定对词汇要像守财奴那样不轻易放过；也要像穷人过日子，把每一个句子当作身边最后一块钱，省吃俭用，慢慢花费。

本例中，a miser with words 被引申为“不轻易放过”，stretch every sentence like a poor man spending his last dollar 被引申为“省吃俭用”。

### （三）形象引申

英汉两种语言都有一些独特的表达习惯，两种语言中出现的形象也并非完全匹配。因此，有些词汇对母语读者来说很容易见词生义，而对非母语读者来说则很难理解。此时，对其进行灵活的变化与引申可使译文更加易于接受。例如：

I am only a small potato in this office.

我在这个办公室里只是个小人物。

本例中，small potato 的字面意义是“小土豆”，此处被引申为“小人物”。

Every life has its roses and thorns.

每个人的生活都有酸甜苦辣。

本例中，roses 与 thorns 的本义分别是“玫瑰”与“荆棘”，此处被引申为“甜蜜”与“痛苦”。

See-sawing between partly good and faintly ominous, the news for the next four weeks was never distinct.

在那以后的四个星期内，消息时而部分有所好转，时而又有点不妙，两种情况不断地交替出现，一直没有明朗化。

本例中，see-sawing 的本义是“玩跷跷板”，此处被引申为“两种情况不断地交替出现”。

### （四）概念引申

从单词的基本概念入手来进行引申，可以揭示单词的本质含义，从而准确地传达原文的内涵。具体来说，概念引申包括两种：（1）具体概念抽象化。（2）抽象概念具体化。

### 1. 具体概念抽象化

现代英语常使用一个具体的词汇来表达一种事物、概念或属性。因此在翻译时，译者可对其进行抽象化处理，以帮助读者更好地理解原文的深层含义。例如：

During the 1970s, he was an embryo teacher, but he was very confident.

20 世纪 70 年代，他还是一个初出茅庐的外语教师，但是他却非常自信。

本例中，embryo 的本义是“胚胎”，此处被引申为“初出茅庐”。

They have their smiles and tears.

他们有他们的欢乐与悲哀。

本例中，smiles and tears 被引申为“欢乐与悲哀”。

There is a mixture of the tiger and the ape in the character of the imperialists.

帝国主义者的性格既残暴又狡猾。

本例中，tiger 与 ape 原指两种动物，此处被引申为“既残暴又狡猾”。

### 2. 抽象概念具体化

在某些情况下，英语在表达具体的意义、动作时使用了较为宽泛、笼统的抽象词汇，不利于译入语读者的理解。为使译文清晰、明确，应将原文中的词义具体化。例如：

A beautiful enough girl, but nothing upstairs.

小姑娘的确够漂亮的，但是脑子却是一张白纸。

本例中，upstairs 的本义是“在楼上”、“在高空”，此处被引申为“在头脑里”。

Under those conditions, all international morality or international laws become impossible.

在这种情况下，一切国际道义和国际公法都失去了作用。

本例中，impossible 的本义是“不可能的”，此处被引申为“失去了作用”。

A wide variety of tools are available commercially.

在市场上可以买到种类繁多的工具。

本例中，commercially 的本义是“商业上地”，此处被引申为“买到”。

### （五）典故引申

典故具有丰富的表现力，不仅言简意赅，还常常包含着丰富的历史文化内涵，可以说是语言中的精华。因此，在对典故进行翻译时，必须对其含义进行引申，从而使译语读者更好地理解其深层涵义。例如：

This summer vacation, I had a quixotic adventure on the railroad trip.

今年暑假我乘火车旅行，有一次匡扶正义，保护弱小的经历。

本例中，quixotic 一词源于西班牙小说家塞万提斯（Miguel de Cervantes Saavedra）笔下的堂吉诃德（Don Quixote）这一人物。堂吉诃德具有强烈的正义感，所到之处常常保护弱小，匡扶正义，并以游侠为人生理想。译文只保留该词的一般意义，从而利于译语读者的理解。

## 三、词性的转换

英汉两种语言的表达方式与句子结构存在明显差异，翻译时很难将原文与译文中的词性一一对应。为将原文的含义准确传递出来，进行适当的词性转换就具有十分重要的意义。

### （一）转换为动词

相比较而言，汉语中动词的使用频率较高。因此，为使译语符合读者的阅读习惯，可将英语中的其他词性（如名词、形容词、

副词、介词等)转换为汉语中的动词。例如:

The custom-made object, now restricted to the rich, will be within everyone's reach.

目前这种订做的产品只有富人才能享受,而将来人人都能买得起。(名词转换为动词)

A successful scientist must be a good observer.

一个成功的科学家一定善于观察。(形容词转换为动词)

Then, suddenly, all of the young people were up out of their seat, screaming and shouting.

突然,所有年轻人都尖叫着,呼喊着,从座位上站了起来。(副词转换为动词)

Out of all the glories tales written about the U. S. revolution for independence from Britain the fact is hardly known that a black man was the first to die for American independence.

读遍了美国为摆脱英国统治争取独立而进行革命的堂皇记事,也不容易知道第一个为美国独立而牺牲的原来是黑人。(介词转换为动词)

### (二)转换为名词

英语中的动词、形容词、副词等可在翻译时转换为名词。例如:

As the war progressed, he would symbolize their frustrations, the embodiment of all evils.

随着战争的进行,他就成了他们受挫的象征,成了一切邪恶的化身。(动词转换为名词)

He had deep sympathy for the insulted and the injured.

他对受侮辱的人和受损害的人有深厚的同情心。(形容词转换为名词)

He is physically weak but mentally sound.

他身体虽弱,但思想健康。(副词转换为名词)

### (三)转换为形容词

英语中的名词与副词可在翻译时转换为形容词。例如：

I am deeply impressed by the beauty of the Summer Palace.

美丽的颐和园给我留下了深刻的印象。(名词转换为形容词)

She chirped, blinking her eyes happily.

她唧唧喳喳地叫着，两眼闪着快乐的光芒。(副词转换为形容词)

### (四)转换为副词

英语中的名词、动词、形容词等可在翻译时转换为副词。例如：

The new mayor earned some appreciation by the courtesy of coming to visit the city poor.

新市长又有礼貌地来看望城市贫民，获得了人们的一些好感。(名词转换为副词)

I succeeded in persuading him.

我成功地说服了他。(动词转换为副词)

The pictures give a visual representation of the situation.

这些图片直观地展示了当时的情景。(形容词转换为副词)

## 第二节　英语文本的句式翻译

英语句式在结构上具有自身的鲜明特征，常使用从句与长句。具体来说，从句可分为名词性从句、定语从句和状语从句，长句则包含较为复杂的结构。本节就对英语中的从句与长句的翻译进行重点讨论。

## 一、从句的翻译

### (一)名词性从句的翻译

英语中的名词性从句通常包括同位语从句、主语从句、宾语从句和表语从句。下面就具体介绍这四种名词性从句的翻译方法。

#### 1. 同位语从句

进行同位语从句的翻译时,译者可采取下面两种方法。

(1)借助冒号、破折号或“即”、“以为”等来连接主句和从句。

(2)按照原文顺序直接进行翻译。

例如:

There are signs that restaurants are becoming more and more popular with families.

有迹象表明餐馆正受到越来越多家族的青睐。

Influenced by these ethics, Powers lived under the delusion that money does money stink…

受了这种道德观念的熏陶,鲍尔斯生活在一种错觉中,以为金钱总是香喷喷的……

#### 2. 主语从句

(1)在翻译以 it 作形式主语的主语从句时,译者可将主语从句提前,也可以不提前。例如:

It seemed inconceivable that the pilot could have survived the crash.

驾驶员在飞机坠毁之后,竟然还活着,这似乎是不可想象的。

It is evident that the man in rags has lied to the little girl.

很显然,那个衣衫褴褛的人对小女孩撒了谎。

(2)在翻译以 what,whatever,whoever 等引导的主语从句时,译者可按原文的顺序翻译。例如:

What he did during the crisis earned him a good reputation.

他在这次危机中的表现为自己赢得了一个好名声。

Whoever did this job must be rewarded.

无论谁干了这件工作,一定要得到酬谢。

3. 宾语从句

(1)在翻译含有 it 作形式宾语的句子时,译者可忽略 it 并将宾语从句按照原句顺序译出。但在某些情况下,译者也可将宾语从句提前。例如:

I regard it as an honor that I am chosen to attend the meeting.

被选参加会议,我感到光荣。

I made it clear to them that they must hand in their term papers before this Friday.

我向他们讲清楚了,他们必须在本周五前交学期论文。

(2)翻译由 that,what,how 等引导的宾语从句时,译者一般不需要改变它在原句中的顺序。例如:

Mr. Smith replied that he was sorry.

史密斯先生回答说,他感到遗憾。

I am really anxious to know how you have finished the task in such a short period of time?

我真得非常想知道你是如何在这么短的时间完成这项任务的。

4. 表语从句

在对表语从句进行翻译时,译者一般也可按照原文顺序来翻译。例如:

That was how a small nation won the victory over a big power.

就这样,小国战胜了大国。

This was all Jack did during the last week.

这就是杰克上周的所作所为。

## (二)定语从句的翻译

定语从句分为两种:限制性定语从句与非限制性定语从句。译者对不同类型的定语从句应采取不同的翻译方法。

### 1. 限制性定语从句

从形式上来看,限制性定语从句紧跟先行词,其引导词与先行词之间没有逗号。从意义上来看,限制性定语从句与先行词关系密切,对先行词起限制作用。

一般来说,限制性定语从句可使用以下方法进行翻译。

(1)融合法,即将原句中的主句和定语从句的意义融合在一起。例如:

There was another man who seemed to have answers and that was Robert McNamara.

另外一个人似乎胸有成竹,那就是罗伯特·麦克纳马拉。

In our factory, there are many people who are much interested in the new invention.

在我们工厂里,许多人对这项新发明很感兴趣。

(2)前置法,即将限制性定语从句译成带“的”字的定语词组,通常适用于比较简单的定语从句。例如:

Space and oceans are the new world which scientists are trying to explore.

太空和海洋是科学家们努力探索的新领域。

The few points which the president stressed in his report are very important indeed.

院长在报告中强调的几点的确很重要。

(3)后置法,即将定语从句进行后置,并重复或省略英语先行词,通常适用于比较复杂的定语从句。例如:

He's written a book whose name I've totally forgotten.

他写了本书,但书名我完全忘了。(重复英语先行词)

She is a movie star who is now a full-time mother taking care of her children.

她是个影星,目前当起了全职妈妈。(省略英语先行词)

2. 非限制性定语从句

从形式上来看,非限制性定语从句的引导词与先行词之间应用逗号隔开。从意义上来看,非限制性定语从句与先行词的关系不是非常密切,仅对先行词进行补充说明。

一般来说,非限制性定语从句可使用以下方法进行翻译。

(1)前置法,即将定语从句译成"的"字前置定语,通常适用于一些较短的且具有描写性的非限制性定语从句。例如:

The beaufitul house, whose windows faces the sea, belongs to Mr. Black.

那座面朝大海的漂亮房子是布莱克先生的。

He liked his sister, who was warm and pleasant, but he did not like his brother, who was aloof and arrogant.

他喜欢热情快乐的妹妹,而不喜欢冷漠高傲的哥哥。

(2)后置法,即将定语从句在译入语中置于被修饰词之后,可译为独立分句或并列分句,通常适用于非限制性定语从句的单词数量较多时,其目的在于保持句子结构的平衡。例如:

He had talked to Vice-President Nixon, who assured him that everything that could be done would be done.

他和副总统尼克松谈过话,副总统向他保证,凡是能够做到的他将竭尽全力去做好。(译成独立分句)

She studied hard at school when she was young, which contributed to her success in later life.

她年轻时学习很用功,这一点有助于她后来人生的成功。(译成并列分句)

## (三)状语从句的翻译

### 1. 时间状语从句

英语中的时间状语从句有较多的引导词,如 after,before,when,since,not until,whenever,as 等,因此在对时间状语从句进行翻译时应结合语境来采取灵活的译法。下面以 when 为例来阐述时间状语从句的翻译方法。

(1)译为相应的表示时间的状语从句。例如:

When he left school at fourteen,he began to train as an engineer.

当他 14 岁离开学校时,他开始被训练做个工程师。

(2)译为并列句。例如:

They set him free when his ransom had not been paid.

他还没有交赎金,他们就把他释放了。

(3)译为"每当……"、"每逢……"结构。例如:

When you look at the moon,you may have many questions to ask.

每当你望着月球时,就会有许多问题要问。

### 2. 原因状语从句

(1)译为因果偏正句的主句。例如:

Because the young man used to visit Mary's office,he was considered as Mary's boyfriend.

这个小伙子经常到玛丽的办公室,所以别人都认为他是玛丽的男朋友。

(2)译为表原因的分句。例如:

The book is unsatisfactory in that it lacks a good index.

这本书不能令人满意之处就在于缺少一个完善的索引。

### 3. 目的状语从句

(1)译为表"目的"的后置状语分句。例如:

Man does not live that he may eat,but eats that he may live.

人生存不是为了吃饭，吃饭是为了生存。

(2)译为表“目的”的前置状语分句。例如：

He pushed open the door gently and stole out of the room for fear that he should awake her.

为了不惊醒她，他轻轻推开房门，悄悄溜了出去。

#### 4. 让步状语从句

(1)译为表“无条件”的状语分句。例如：

However late it is, mother will wait for hmi to have dinner together.

无论时间多晚，母亲总是等他回来一起吃晚饭。

(2)译为表“让步”的状语分句。例如：

Five as she is, she can tell a lot of stories.

尽管她才五岁，她会讲许多故事。

#### 5. 条件状语从句

(1)译为表“假设”的状语分句。例如：

If an employee was having a bad day, Bob was there telling the employee how to look on the positive side of the situation.

如果某个雇员遇到不开心的事，鲍伯就会告诉他如何去看事情的积极面。

(2)译为表“条件”的状语分句。例如：

You can't see the president unless you've made an appointment with him.

如果你没有预约，你是不能见总统的。

## 二、长句的翻译

### (一)顺译法

若英语句子依照时间先后顺序来描述事件的发生过程，这正好与汉语句子的表述方式相一致，此时就可采取顺译法，即按照原句的顺序进行翻译的方法。例如：

As we crossed some high bridges near the Blue Ridge Mountains on the first leg of our trip, a kind of breathlessness gripped me, a sinking rolling sensation in the pit of my stomach.

上路后的第一程，我们就碰上了蓝脊山脉附近高悬的大桥。我简直紧张得透不过气来，心头发紧，有种人仰马翻的感觉。

As soon as I got to the trees I stopped and dismounted to enjoy the delightful sensation the shade produced: there out of its power I could best appreciate the sun shining in splendor on the wide green hilly earth and in the green translucent foliage above my head.

我一走进树丛，便跳下车来，享受着这片浓荫产生的喜人的感觉：通过它的力量，我能够心情赏玩光芒万丈的骄阳，它照耀着开阔葱茏、此起彼伏的山地，还有我头顶上晶莹发亮的绿叶。

### (二)逆译法

逆译法又称“倒置法”，是将句子成分的前部分放到译文的后部，或者将后面部分放到译文前面的翻译方法。当英语和汉语句子的语义逻辑不一致或完全相反时，译者需要采用逆译法来进行翻译。例如：

I believe that I interpret the will of the Congress and of the people when I assert that we will not only defend ourselves to the uttermost, but will make it very certain that this form of treachery shall never again endanger us.

我断言，我们不仅会尽最大的努力来保卫自己，还将确保这种背信弃义的行为永远不会再次危及我们。我相信，这也是表达了国会和人民的意志。

A great number of graduate students were driven into the intellectual slum when in the United States the intellectual poor became the classic poor, the poor under the rather romantic guise of the beat generation, a real phenomenon in the late fifties.

50年代后期的美国出现了一个任何人都不可能视而不见的现象,穷知识分子以“跨掉的一代”这种颇为浪漫的姿态出现而成为美国典型的穷人,正是这个时候大批大学生被赶进了知识分子的贫民窟。

### (三)分译法

英汉语言的句子结构有很大不同。具体来说,英语较多使用长句,而汉语较多使用短句;英语较多使用形合法,汉语较多使用意合法。因此,当英语句子的结构不是十分紧凑时,译者可将英语句子中有些成分从句子中拆出来另行处理,即采取分译法。例如:

The dust, the uproar and the growing dark threw everything into chaos.

烟尘滚滚,人声嘈杂,夜色愈深,一切都陷入混乱之中。

本例中的 dust, uproar 和 growing dark 均为名词,译者将它们分别译为“烟尘滚滚”、“人声嘈杂”和“夜色愈深”,使译文更加符合汉语的表达习惯。

As we lived near the road, we often had the traveler or stranger visit us to taste our gooseberry wine, for which we had great reputation, and I confess, with the veracity of an historian that I never knew one of them to find fault with it.

我们就住在路边。过路人或外乡人常到我们家,尝尝我们家酿的酸果酒。这种酒很有名气。我敢说,尝过的人,从没有挑剔过。我这话像历史学家的话一样靠得住。

此句原文是由47个单词组成的一个英语长句,而译为汉语时则变成了五个句子。

### (四)合译法

合译法是把并列复合句或主从复合句合译成一个句子,或者把两个或两个以上的句子合译成一个句子的翻译方法。需要注意的是，译者采取合译法时应权衡利弊，对译文进行全盘考虑，否则会导致译文出现意思重心的偏差或缺失。具体来说，合译法包括以下三种情况。

(1)将原文中两个或两个以上的简单句译成一个句子。例如：

He was very clean. His mind was open.

他为人单纯而坦率。

(2)将原文中的主从复合句译成一个句子。例如：

When I negotiate, I get nervous. When I get nervous, I eat.

我在谈判时总是有些紧张。紧张时我就吃点东西。

(3)将原文中的并列复合句译成一个句子。例如：

It was in mid-August, and the repair section operated under the blazing sun.

八月中旬，修理组人员在骄阳下工作。

### (五)重组法

在某些情况下，英语句子的结构与汉语表达方式存在着明显的差异，此时可先将原句拆分为若干小的语言单位，然后再按照汉语的语言习惯重新进行安排与组织，即采取重组法。重组法易使译文表达顺畅，但其不足之处是容易产生漏译现象，在翻译时一定要注意。例如：

The construction of such a satellite is now believed to be quite realizable, its realization being supported with all the achievements of contemporary science, which have brought into being not only materials capable of withstanding severe stresses involved and high temperatures developed, but new technological processes as well.

原句的主句是 The construction…is now believed to be quite realizable。此外，原句还包含以下两个次级语言单位。

(1)分词独立结构，即 its realization being supported with all the achievements of contemporary science。这一结构在句中充当

原因状语。

(2)定语从句，即 which have brought into being not only materials capable of withstanding severe stresses involved and high temperatures developed, but new technological processes as well。这一从句用来修饰分词独立结构。

汉语常将修饰成分置于被修饰成分之前。因此，翻译时可从定语从句入手，然后译出表原因的独立结构，最后再译出主句。使用重组法译出的译文如下：

现代科学的一切成就不仅提供了能够承受高温高压的材料，而且也提供了新的工艺过程。依靠现代科学的这些成就，我们相信完全可以制造出这样的人造卫星。

## 第三节　英语文本的语篇翻译

所谓语篇，是指具有一定交际目的与篇幅，且逻辑连贯、语义完整的段落，具有书面语、口语两种表现形式。翻译活动的效果最终要通过语篇来体现，因此语篇翻译的重要性是不言而喻的。

一般来说，语篇翻译包括两个方面：语篇的衔接、语篇的连贯。

### 一、语篇的衔接

衔接是语篇翻译中的一个重要环节，这一概念最早是由韩礼德(Halliday，1962)提出的。在韩礼德看来，衔接就是语篇内部的各种语义关系。正是由于这些语义关系的存在，不同的信息才得以组成一个意义完整的语篇。读者是否可以理解、接受语篇中的信息、观点、主题等内容，在很大程度上依赖于衔接的优劣。

在《功能语法导论》中，韩礼德提出了以下五种衔接方式。

(1)词汇衔接。词汇衔接是指语篇中的某些词汇之间存在语义上的联系，这种联系包括同现关系与复现关系。

(2)关联衔接。关联衔接是指通过关联词或关联结构来实现语意上的衔接，具体包括以下四种类型。

第一种类型：因果，用于阐明原因与结果的关系，如 for，since，as，because，for this reason，consequently 等。

第二种类型：转折，用于表示前后句意完全相反，如 on the other hand，however，conversely，but 等。

第三种类型：时序，用于表示事件发生的先后顺序，如 in the end，first，formerly，next，then，finally 等。

第四种类型：添加、递进，用于增加或补充信息，如 in addition，and，besides，also，furthermore，what is more 等。

(3)省略衔接。将语篇中的某一个或几个成分予以省略的手段就是省略衔接，被省略的成分通常都暗含在上下文中。省略包括三种形式：动词性省略、分句性省略、名词性省略。例如：

Reading makes a full man; conference ( ) a ready man; writing ( ) an exact man.

(动词性省略，省略动词 makes)

A: What does she mean by saying that?

B: I don't know for sure.

(分句性省略，know 后面省略了 what she means by saying that)

Jack was apparently indignant，and ( ) left the room at one.

(名词性省略，省略作主语的 he)

(4)替代衔接。当语篇中涉及重复的内容但又不想使用重复的表达方式时，就可以使用替代，即用代词或代动词来替换不想重复的部分。与省略相类似，替代也包括三种：动词性替代、分句性替代、名词性替代。例如：

He never goes to bar at night，nor do his colleagues.

(动词性替代：do 替代 goes to bar at night)

People believe that Jane will win the first prize in the English Competition. John thinks so, but I believe not.

(分句性替代:so 与 not 替代 Jane will win the first prize in the English Competition)

Jane needs a new bicycle. She's decided to buy one.

(名词性替代:one 替代 a new bicycle)

(5)照应衔接。所谓照应,是指语篇中的一个语言成分与另一个语言成分互为解释,是最明显的一种衔接手段。换句话说,如果存在照应衔接,就说明某一语篇中一个成分和另一个成分之间存在着关联。例如:

Readers look for the topics of sentence to tell them what a whole passages is "about", if they feel that its sequence of topics focuses on a limited set of related topic, then they will feel they are moving through that passage from cumulatively coherent point of view.

本例中的照应关系存在于 they 与 readers 之间。

译者在进行语篇翻译时,应对语篇中的衔接手段有较好的把握,这样才能准确梳理语篇内部的表达顺序与逻辑关系。此外,译者还应根据译入语的表达习惯进行相应的转换,以利于译入语读者的理解。例如:

Efforts on the part of the developing nations are certainly required. So is a reordering of priorities to give agriculture the first call on national resources.

发展中国家做出努力当然是必需的。调整重点,让国家的资源首先满足农业的需要,这当然也是必需的。

One the surface, many marriages seem to break up because of a "third party". This is, however, a psychological illusion. The other woman or the other man merely serves as a pretext for dissolving a marriage that had already lost its essential integrity.

从表面上看,许多婚姻好像毁在"第三者"手里。然而,这只是一种心理幻觉。第三者不过是一个表象，它瓦解了一个早就失却了其内在完整性的婚姻而已。

## 二、语篇的连贯

衔接与连贯存在较大不同。具体来说，衔接为实现语篇内部的清晰，常常采取语法或词汇等有形手段；连贯则通常利用必要的逻辑推理及交际双方共同了解的背景来实现语义的顺畅，较少使用明显的连接手段。可见，如果说衔接是语篇的有形网络，连贯就是语篇的无形网络，具有高度的抽象性。

为较好地体现语篇内部的连贯，译者必须对表面上相互独立的语句进行深入剖析，这样才能对原作的功能和题旨进行完整、忠实的传达。例如：

I wrestled with my own resolution; I wanted to be weak that I might avoid the awful passage of further suffering I saw laid out for me; …

我和我自己的决心搏斗着；我要成为软弱的人，这样我就可以避免去走那条要我受更多苦难的可怕的路，我看到这条路就摆在面前；……

（祝庆英 译）

The chess board is the world, the pieces are the phenomena of the universe, the rules of the game are what we call the laws of nature. The player on the other side is hidden from us. We know that his play is always fair, just, and patient. But we also know, to our cost, that he never overlooks a mistake, or makes the smallest allowance for ignorance.

世界是盘棋，万物就是棋子。弈棋规则即所谓的自然规律，我们的对手隐蔽不见。我们知道他下棋总是合理、公正、有耐心。但输了棋后我们才知道，他从不放过任何误棋，也决不原谅任何无知。

# 第五章　英语商务文本翻译研究

当今世界，经济全球化不断向纵深化发展，世界各国之间的经贸往来日益频繁而密切，国际商务沟通的作用也越来越重要。而商务英语作为国际贸易交流的主要语言工具，也越来越受到人们的重视。在了解商务英语语言特点的基础上，灵活使用相应的翻译技巧对于全面提升商务沟通效率与交际能力具有十分重要的意义。本章就对英语商务文本的翻译进行具体研究。

## 第一节　英语商务文本语言分析

### 一、英语商务文本的词汇特征

#### (一)使用正式词汇

商务文本通常具有约束性和规范性的性质，而正式词汇更能确保商务文书的准确性、严谨性，并增加文本的慎重感。因此，商务英语中经常使用正式词语。例如：

用 solicit 代替 seek

用 expiry 代替 end

用 prior to 或 previous to 代替 before

用 continue 代替 keep on 或 go on

用 supplement 代替 add to

用 certify 代替 prove

用 appoint 代替 make an appointment of

### (二)使用单一词汇

商务英语常选用词义相对单一的词,而不采用那些词义丰富灵活的词,这样做的目的是使行文更加准确、庄重和严谨。例如:

用 effect 代替 make

用 grant 代替 give

用 initiate 代替 begin

用 utilize 代替 use

用 terminate 代替 end

用 inform 代替 tell

用 by return 代替 soon

用 acquaint 代替 be familiar with

用 constitute 代替 include

用 in lieu of 代替 in place of

### (三)使用专业术语

每个行业都有自己的行话,每个学科都有一些专业术语。专业术语意义单一、精确、固定、无歧义,利于精确地表达概念,且不具有感情色彩,不需要借助上下文便可以理解。为了准确描述商务活动中的各个环节以及与此相关的各类文件,并且节约时间,商务英语在长期的使用过程中,形成了一系列的商业术语。具体来说,商务英语中常见的专业术语包括以下几个类别。

(1)国际贸易行业专业术语。例如:

documentary collection 跟单托收

down payment 订金

import quota 进口配额

irrevocable letter of credit 不可撤销信用证

mail transfer 信汇

shipping documents 货运单证

sight draft 即期汇票

sight letter of credit 即期信用证

standby letter of credit 备用信用证

term bill 远期汇票

(2)法律行业专业术语。例如：

absolute liability 绝对法律责任

arbitration 仲裁

beneficial owner 受益人

fundamental breach of the contract 根本违约

judicial review 司法审查

preliminary approval 初步审定

royalty income 特许权使用费

(3)物流行业专业术语。例如：

anchorage dues 锚泊费

assembly packaging 集合包装

container terminal 集装箱中转站

container transport 集装运输

inventory control 存货管理

location of exchange 交换地点

logistics cost 物流成本

physical distribution 实务流通

warehousing 仓储

(4)保险行业专业术语。例如：

absolute liability 绝对责任

bid bond insurance 投标保证保险

force majeure 不可抗力

insurance amount 保险金额

insurance certificate 保险凭证

insurance instructions 投保通知

insurance policy 保险单
premium 保险费
provisional insurance 临时保险
risk of breakage 破碎险
the insured 投保人
the insurer 承保人
(5)金融行业专业术语。例如：
commodity 期货
currency circulation 货币流通
deflation 通货紧缩
equity interests 股本息
floating exchange rate 浮动汇率
gold standard 金本位制
inflation 通货膨胀
option 期权
reserve accounts 储备金账户
surplus funds 过剩基金
(6)营销行业专业术语。例如：
final consumer 终端消费
loss leader 亏本出售的商品
market segmentation 市场细分
market share 市场占有率
price analysis 价格分析
product life cycle 产品生命周期
product line 产品系列
rate of sales growth 营销增长率
sale on account 赊销

### (四)使用缩略词

缩略词是人们在长期的商务实践活动中，约定俗成，逐渐演变而成的。商务英语讲求务实高效,因此缩略词的使用频率非常高,具体来说主要有以下几种形式。

1. 谐音缩略词

谐音缩略就是利用同音或近音字母构成缩写词,常用于单音词和少数双音节词的缩略。例如:

V:we 我们

U:you 你

OZ:ounce 盎司

WUD:would 会,情愿

OZWS:otherwise 不然,否则

BIZ:business 商业,业务,生意,交易

LITE:light 轻便的

N:and 和,与,同

R:are 是(助动词)

NU:new 新的

SHUD:should 应当

THO:though 虽然,尽管

2. 首字母缩略词

首字母缩略是一种最常见的缩写法,它是由多个首字母构成的缩略词。例如:

B/L:bill of landing 提单

B/D:bank draft 银行汇票

D/C:Detention Clause 扣押条款

D/P:documents against payment 付款交单

CPI:consumer price index 消费价格指数

ETC:equipment trust certificate 设备信托债券

GNP:gross national product 国民生产总值

L. B. :long bill 远期票据,长期票据

QS:quality specification 质量标准

EEC:European Economic Community 欧洲经济共同体

EMP:European Main Port 欧洲主要港口

MTD:multimodal transport documents 多式联运单

OMO:Overseas Money Orders 国外汇票

P. A. :purchasing agency 采购代办处

NIC:National Information Center 国家信息中心

RAN:revenue anticipation note 收入预期债据

SME:small and medium enterprises 中小企业

3. 截短缩略词

截短就是截略原词而构成的缩略词,具体来说主要有以下几种。

(1)去掉词的首尾,即去掉一个自然词的首部或尾部而构成缩略词,此时缩略词的拼写可以采用小写形式。例如:

im:import 进口

phone:telephone 电话

pro:professional 专业人员

impos:impossible 可能

(2)截去中间,保留词首和词尾。例如:

AIRD:airmailed 通过航空邮件寄出的

FRT:freight 货运

WT:weight 净重

AMT:amount 数量

(3)由词的前部或词的头尾结合而成构成的缩略词。例如:

Inc. :Incorporated 股份有限公司

Co. :company 公司

Ltd. :Limited 有限公司

(4)音节缩略,即利用第一音节和第二音节构成的缩略词。例如:

AVE:avenue 大街,林荫道

CONDI:condition 条款,条件

MEGP:negotiation 洽谈

MEMO:memorandum 备忘录

(5)由数字加单词的首字母构成的缩略词。例如:

S & P 500:Standard & Poor's 500 stock index 标准普尔 500 股价指数

3M:Minnesota Mining and Manufacturing Company(美国)明尼苏达矿业及制造公司;3M 公司

(6)辅音缩略词,即保留辅音。以辅音为核心构成的缩写词可采用大写形式,也可采用小写形式,或是用大写字母带出小写字母。例如:

APPROX:approximate 近似的,大约的

BK:bank 银行

CONSGNT:consignment 发货

FM:firm 商行,公司,实盘

INFM:inform 通知,向……报告

MSG:message 信息,电文

MKT:market 市场

PREM:premium 保险费

PKG:package 一包,一捆,一扎,一件等

SHIPMT:shipment 装运,装船

TEL:telephone 电话

### (五)使用古词语

由于商务英语经常会涉及商务函电、经贸合同以及各种协议,而这些文本对双方都具有法律效力,为体现法律的权威性和严密性,需选用正式、规范和严谨的词语。而古词语就恰好具备这些特点,因此商务文本中常常出现古词语。例如:

whereof 兹特
whereas 鉴于
whereby 根据,凭
herein 在此,于……之中
hereby(＝by this) 特此,以此
hereinafter 自此……之后,在下文中
hereof 在本文中,关于这点
whereat(＝at/to which place) 在哪里
wherein 在那儿
thereof 由此,在其中
thereupon 在……其上
thereinafter 在下文,此后

### (六)使用成对同义词

商务英语中经常会使用成对的同义词或近义词,以确保行文的准确,避免歧义的产生。例如:

losses and damages 损失
request and demand 要求
final and conclusive 最终
from and after 从……后
force and effect 效力
each and every 每一个
accept and assume 接受
amendments and alterations 修改
furnish and provide 提供
terms and conditions 条款
finish and complete 完成
controversies and difference 争端

### (七)使用古词语

由于商务英语经常会涉及商务函电、经贸合同以及各种协

议，而这些文本对双方都具有法律效力，为体现法律的权威性和严密性，需选用正式、规范和严谨的词语。古词语就恰好具备这些特点。所以，商务英语中常常出现古词语。古词语的恰当运用可以使商务英语行文准确、简洁、正式、规范、严谨。例如：

wherein 在那儿

whereof 兹特

whereas 鉴于

whereby 根据，凭

herein 在此，于……之中

hereby(＝by this) 特此，以此

hereinafter 自此……之后，在下文中

hereof 在本文中，关于这点

whereat(＝at/to which place) 在哪里

thereof 由此，在其中

thereupon 在……其上

thereinafter 在下文，此后

thereon(＝upon that thing/point/subject) 在其上

### (八)使用新词

随着人类自然科学和社会科学等方面的迅速发展，一些反映各领域新思想、新概念、新方法等的词汇也不断出现。这种现象在商务文本中也很常见。商务文本中出现的新词举例如下：

online shopping 网上购物

cyber economy 网络经济

holiday economy 假日经济

knowledge-based economy 知识经济

cyber-payment 电子支付

petrodollar 石油美元

hi-tech industry 高技术产业

virtual store 虚拟商店

soft-landing（经济）软着陆

Interactive ad. 互动广告

slap flation 萧条膨胀

open-collar worker 敞领、开领人员

win-win negotiation 双赢谈判

turkey solution 一揽子解决方案

paperless office 无纸化办公

stagflation 停滞型膨胀，滞胀

ASP（American Selling Price）美国售价

black Monday 黑色星期一（1987 年 10 月 19 日纽约股市大崩盘）

venture capital 风险投资

需要注意的是，商务领域内有些新词随着使用越来越多，最终会演化成普通词汇，而商务经济的不断发展必然会促使更多的新词继续产生。

## 二、英语商务文本的句法特征

### （一）使用复杂句

商务文本中有的句子很长，且结构比较复杂，常常需要用插入语、从句等限定、说明成分，很多时候一个句子就是一个段落。例如：

The strong Japanese Yen has reduced the competitiveness of Japanese exports, making Japanese firm-invested producers in other parts of Asia start to sell their products back to Japan.

坚挺的日元降低了出口货物的竞争力，使日本公司在亚洲其他地区投资生产厂家开始向日本返销其产品。

In view of the fact that the contract signed between us for

steel pipes has, owing to your delay in establishing the relative L/C, been overdue for a long time and that the world market price is still going up, we have to adjust the contracted price to US ＄1,000 Per M/T.

你我双方签订的钢管合同，由于你方迟迟未开立有关的信用合同，过期太久，现国际上市场价格仍在上涨。鉴于这一事实，我方不得不将合同价格调至每公吨 1 000 美元。

## (二)使用被动句

使用被动句不仅使语言结构紧密、语义确切，表达严密，还能够转移所强调的内容，突出商务信息，提高论述的客观性、公正性以及话语的可信度，强调对方的利益，体现礼貌的原则。因此，商务文本中经常使用被动句，尤其是法律文书(如商贸合同)中使用频率更高。例如：

Party B is hereby appointed by Party A as its exclusive sales agent in Hangzhou.

甲方兹指定乙方为杭州地区独家销售代理商。

The date of the receipt issued by transportation department of concerned shall be regarded as the date of delivery of the goods.

由承运的运输机构所开具的收据日期即被视为交货日期。

The pattern of prices is usually set by competition, with leadership often assumed by the most efficient competitors.

价格构成通常由竞争决定，并由效率最高的竞争者来担任主导角色。

上述这些例句均使用了含有被动语态的句子。被动语态的使用，可以使表达更加客观、严谨、紧凑，同时更容易被交易方所接受。

## (三)使用套语

人们在长期的商务实践中，逐渐总结出了一些可扩展的包含固定形式的套语,这些套语由于规范性和可模仿性强,交际功能明确,表达方式相对固定而成为篇章组织的手段。套语的使用是商务英语语篇的鲜明特点之一。下面就是商务领域中常用的一些套语及其句式。

(1)邀请。例如:

We should appreciate it if you…

It would be appreciated if you…

We should be grateful/obliged/thankful if you…

(如蒙……将不胜感激)

(2)告知。例如:

Please let us know…

Please be advised that…

Please be informed that…

(谨告知……)

(2)专营。例如:

We deal exclusively in…

We are specific in…

We specialize in…

(4)随函附寄……请查收。例如:

Enclosed are…

Enclosed please find…

Please find enclosed…

We enclose…

(5)……由……负担。例如:

…be borne by…

…be charged to Buyer's account…

…shall bear the costs of…

(6)确认受到信函。例如:

We have received your letter…

We make acknowledgement to your letter of…

Acknowledgement is made to your letter of…

（你方……的来函收悉）

## (四)使用定语从句

为了准确、完整、客观且严肃地阐述商务英语中的相关概念，商务英语中也会使用定语从句。例如：

The Buyer may cancel its order through a telegram to the Seller, which is required to get to the latter prior to the beginning of any shipment.

买方可以通过电报通知卖方取消订货，但此电报需在货物装运之前到达卖方。

The advance payment shall be conditioned on Buyer or its Affiliate first having received from Supplier an invoice prior to the harvest of this product, which is usually 2～3 weeks(from the date of advance payment and date of shipment date) depending on harvesting season.

预付款的条件是，买方或其付款者要在产品收成之前收到供应方的发票，通常为2～3周的时间(从预付款之日到装船出货之日)，依收获季节而定。

As to the equipment stipulated in Clause 2 of the present Contract (CIF Haikou US ＄1,500,000), Party A shall pay 90％ of the said amount to Party B after the said shipment has reached Haikou against the B/L, commercial invoice and packing list, which are certified by the banks of both parties to be in conformity with the size, model and quantity as stipulated by the Contract.

本合同第二条中的设备费(海口到岸价150万美元)，货抵海口后，凭提单、商业发票、装箱清单，经甲乙双方银行审核与本合同规定的规格、型号、数量相符后，甲方按货价90％的金额兑现给乙方。

### (五)使用状语从句

为了更加精确地描述接受和完成商务业务、商务活动的情况，商务英语中经常使用状语从句，从而对时间、地点、手段、情形等进行准确说明。例如：

If the quantity of the order is over 2,000 sets, we may accept deferred payment.

如果订单数量超过 2 000 套，我们可以接受延期付款。

Floating policy is a convenient method of insuring goods where a number of similar export transactions are intended, e.g. where the insured has to supply an overseas importer under an exclusive sales agreement or maintains sales representatives or subsidiary companies abroad.

统保单是货物保险中的一种便利的办法，特别适合于分不同的时间出口的一批同类货物。例如，当被保险方根据独家代理协议向国外的进口方供货，或在国外委任了销售代表，或在设立分支机构时可以使用。

### (六)使用带有 shall 的句子

商务英语文本中尤其是商务合同中会经常使用带有 shall 的句子，用 shall 来表达“应当”、“必须”等强制意义，或者表达双方的指责或义务，从而加强语气。例如：

Party A shall be unauthorized to accept any orders on and after June 10.

自 6 月 10 日起，甲方无权接受订单。

The guarantee period shall start from the exact date on which the purchaser receives notification in writing from the vendor that plant is ready for dispatch from the works.

担保期限的具体日期自买方收到卖方发出的、并告知已随时可以从工厂发运的书面通知起开始计算。

## 三、英语商务文本的修辞特征

### (一)比喻

商务英语中的比喻大多为隐喻，它不仅是对语言的粉饰，还能折射出交往者看问题的角度或认知方式，甚至能映射出商务活动的发展方向和宏观态势。例如：

The loss of jobs is regarded by some as a necessary evil in the fight against inflation.

有些人认为要遏制通货膨胀就难免有人得失业。

fight 的本意是“打架、战斗”，在这里用来比喻对抗通货膨胀的行为，即遏制。这种隐喻的表达方式使人们可以想象遏制通货膨胀是一件艰难、且需要付出惨重代价的事情。

The electricity failure caused the train service's paralysis.

断电使得火车运输瘫痪了。

上例中用身体瘫痪和功能丧失来隐喻运输系统无法运作。

A whirlwind Asian tour that took her to Japan，Indonesia，and R. O. Korea，as well as Beijing，appeared to have served its purpose "to introduce America to the world and to bring a message ... about how we going to work with people to find common ground" as Secretary Clinton put it.

美国前国务卿希拉里对亚洲的日本、韩国、印度尼西亚和中国的旋风式访问似已达到其目的，即“将美国重新介绍给世界，并传达我们将如何与他国人民一道到致力于寻求共识的讯息”，国务卿希拉里如是说。

上述原文中的 whirlwind 本义是“旋风”，是一种天气现象，在这里则用来比喻希拉里的亚洲执行路线和速度。

Cash cows require lithe investment and generate cash that can be used to invest in other business unites.

这种“摇钱树”需要的投资少、收益大，获得的回报还可以用于其他商业领域的投资。

原文中的 cash cows 是一个俚语，指巨大财源，带来滚滚财源的股票或生意，这里用牛吃草给人提供牛奶来隐喻投资少而收益大的生意或股票。

### (二)拟人

所谓拟人就是用描写人的词语来描写事物，以使物具有人的言行、思想和情感。在商务英语中，通过使用拟人的修辞手法，可使所述内容更加生动亲切，增强语言的感染力。例如：

A royalty is regarded as a wasting asset as copyrights, patents, and mines have limited lives.

如同版权、专利和矿井都有其使用寿命，专利使用费是一种可耗费资产。

原文中的 lives 实际上是采用了拟人的修辞手段，译文中“寿命”则将该拟人手法很好地体现了出来。

But while China's appetite for fine wines, expensive cars, high-end watches and even yachts is proving to be strong, Jebsen Group Managing Director Helmuth Hennig says the sector comes with a whole list of challenges.

但捷成集团董事总经理海宁说，尽管事实证明中国市场对美酒、豪车、高端手表甚至游艇确实有着很大的胃口，但这个行业本身有着一系列的挑战。

上述原文也采用了拟人的修辞手段，将中国市场人格化，形容其“有很大的胃口”。

### (三)夸张

夸张是用夸大的言辞来增加语言的表现力，以揭示事物的特征、本质，突出某种情感和思想。有时在商务英语中也可使用夸张的修辞手法，以取得良好的交际效果，增强商务语言的感染力。

例如：

They murdered us at the negotiating session.

谈判时他们枪毙了我们的方案。

上例原文中的 murdered us 是一种夸张的表述，但这一表述却不会引起任何负面影响，反而强调了谈判失败这一结果，使表述更为生动有趣。

The nation watched agape Friday as the stock market suffered a history making collapse that shook professional and armchair investors alike.

当股票市场在星期五遭受有史以来的使专业投资者和非专业投资者都感到震惊的重创时，全国人民都目瞪口呆。

原文中的 agape 意为"瞠目结舌的"，但是显然股票市场的重创不至于让所有人都瞠目结舌，这里只是一种夸张的说法，用以表达人们的震惊程度。

### (四)双关

有时，商务英语会采用双关修辞手段，尤其在商务广告中十分常见。例如：

—What's wrong with this egg?

—Don't ask me. I only laid the table.

——今天的鸡蛋是怎么回事？

——别问我，我只是摆桌子。

通常来说，如果顾客听到这样的回答会非常生气，但是由于答话人巧妙采用了双关修辞手法，反而会让顾客会心一笑。lay 既有"鸡蛋"的意思，又有"摆放"的意思，因此顾客可以将答话理解为"鸡蛋不是我的，不能怪我"，好像和自己开了一个玩笑一样，也就不会生气了。

### (五)借代

商务英语中经常使用一个具体形象的词来指代一个事物、一种属性或一种概念，即利用人的联想，将具体词的词义引申出来，使表达更为生动、轻松。例如：

On the road of development，every company has its roses and thorns.

每个公司在其发展道路上都有成功与失败。

上例原文利用具体事物 roses（玫瑰），thorns（荆棘）分别代指两个抽象的概念：发展过程中的成功，发展道路上的困难和失败，形象地表现出公司成长道路的艰辛。

One of the major advantages of an individual proprietorship is the ease with which it can start. These are few formalities，relatively little red tape and few fees to pay.

独资企业的主要优点之一就是企业启动比较容易，手续简单，相对而言无需太多的繁文缛节，所付手续费也比较少。

上例原文采用了借代修辞手法，用 red tape 指代企业的各种繁文缛节。

The negotiants' eyes and ears are run to everything the counterpart does.

谈判者们的注意力完全放在了对方的一举一动上。

上例使用了人体器官代功能的借代手法，用 eyes（眼睛）代指视觉，ears（耳朵）代指听觉，使表达更加生动、形象。

### （六）反复

所谓反复是通过对某个词语或短语的重复来强调本体、表达情感的一种修辞手段。在商务英语中，适当地使用反复能够强调所表达的内容，从而引起话语接受者的注意。例如：

Our stockholders will win. Our employees will win. And，best of all，our families will win.

我们的股东将会获益，我们的员工将会获益，另外，最让人高兴的是，我们的家族将会获益。

上例通过对 will win 的三次复现强调了必将获益的信心，同时也强调了获益人群的范围之广。

She is a leader: a leader in the workplace, a leader in her church, and a leader in the community.

她是领导:是工作上的领导,是教堂的领导,还是社区的领导。

上例通过对 leader 一词的四次复现来强调 she 牢固的领导地位,并将 she 的地位、形象深深地烙在了人们的心中。

#### (七)倒装

在商务英语中,有时会利用倒装来强调和突出重点信息,如改变语序、倒装句子等。例如:

A sample of a similar cloth, of exactly the same color, which we have in stock, is enclosed.

Enclosed is a sample of a similar cloth, of exactly the same color, which we have in stock.

附上一块目前有现货的,颜色几乎一样的相似布料。

上面两句的意思相同,但使用的句型不同,表达效果也不同。第一句使用了正常语序,但由于主语过长,因而显得头重脚轻;第二句使用了倒装的语序,平衡了句子结构,使句子读起来更加顺口。

## 第二节 英语商务文本的翻译

### 一、商务文本词汇的翻译技巧

#### (一)词义的选择

英语商务文本中一词多义的现象比较多见,所以在翻译过程中,词义的选择是非常重要的。下面介绍几种选择词义的方法。

(1)根据语境选择词义。例如：

Provided you fulfill the terms of the credit, we will accept and pay at maturity the draft under this credit.

在贵公司履行信用证条款的条件下，我行将接受并于成熟之日支付信用证下的提示的汇票。

在该例中的 accept 和 maturity 都是在商务英语中使用比较广泛的，但是译文则将这两个词分别译为"接受"和"成熟"，此含义为这两个词的基本含义。但是在商务英语中，这两个词的含义应为"承兑"和"(票据的)到期"。因此，该例句的正确翻译应为：

在贵公司履行信用证条款的条件下，我行将承兑并与期满时支付信用证项下的提示的汇票。

(2)根据词性选择词义。在商务英语翻译时，如果遇到多义词可以根据其词性将其在句子中担当的成分类判断其意义。例如：

The sale netted the company a fat profit.

这次买卖使公司净赚了一大笔。

该例句中的 net 为动词，因此在翻译时可以根据其词性将其翻译为"净赚"。

(3)根据专业领域选择词义。英语中有很多词汇在不同的领域中，其意义是不同的。因此，在商务领域中，很多词语的意义与其普通词义大相径庭。在翻译过程中，通过对这些专业术语和套语在不同领域中意义的了解有助于词义的选择。以 order 为例，它在不同的商务领域具有不同的意义。例如：

Order bills of lading are negotiable.

指示提单可以转让。(金融业务)

We've received an order for twenty tons of coal.

我们收到一份 20 吨煤的订单。(贸易业务)

(4)根据搭配关系选择词义。在商务英语中，一个词的意义可能会因为与其搭配的词的不同而产生不同的意义，因此根据搭配选择词义也是商务英语词汇翻译中比较常见的。以 address 为例，其与不同的词搭配时具有不同的意思。例如：

Every effort is made to address customer needs.

尽一切力量满足用户需求。

The media relations manager addressed shareholders prior to the company's merger with a Swidish company.

媒体关系部经理在公司与一家瑞典公司兼并之前向股东发表讲话。

In an attempt to address this problem, major banks are about to offer start-up package to assist new business.

为了解决这个问题，几家大银行计划提供全套支持新兴公司的信息包，以协助新开办的企业。

### （二）词义的引申

在进行商务英语词汇的翻译时，当在译入语中不到与源语相对应的词汇时，可以将词义进行引申，主要包括具体化引申和抽象化引申。

#### 1. 具体化引申

具体化引申是指将英语中表示抽象概念或属性的词汇翻译成一般的具体的概念，以使汉语的意思更加清楚明白。例如：

The distributors looked with favor on your sample shipment.

您发来的样货得到了经销商们的赞许。

shipment 既是可数名词，又是不可数名词，当其为不可数名词时意义为“装运、运送”，在此处其为可数名词，意义为“所交运的货物”。

#### 2. 抽象化引申

抽象化引申是指将英语中表达具体意义的词语翻译为汉语中抽象的词汇，即化实为虚，以使译文自然、流畅。例如：

While trade grows rapidly in size, the Chinese trade mix is

also optimizing.

在贸易规模迅速扩大的同时,中国的贸易结构也在不断地优化。

译文将原句中的 trade mix 翻译为贸易结构,从具体的词转换为抽象的概念。

We insist that international trade should not be a one-way street.

我们坚持主张国际贸易不应是有来无往。

one-way street 的具体意义为"单行道",因为该句子属于商务英语范畴,因此其意义应进行引申以符合商务英语文体的语言特点及汉语的表达习惯,故而将其意义引申为"有来无往"。

### (三)词类的转换

在商务英语翻译中,词性转换也是使用较多的一种翻译技巧,它是在翻译的过程中对原文中的词类进行适当的转换,以使译文符合译入语的表达方式和习惯。商务文本中的词汇转换主要有以下几种情况。

#### 1. 名词转换

商务英语中的名词通常可以转换为汉语的动词、副词以及形容词。

(1)转换为动词

名词在英语词汇中占有绝对优势,英语中名词的使用很频繁,而汉语中动词的使用频率较高。因此,在商务英语翻译中需要将英语中抽象的名词转译为汉语的动词。例如:

There has been a tacit agreement to agree or to disagree on the interpretation of the wording of the treaty.

双方已经达成一种默契,同意在解释条约中的用词时可以各做各的解释。

该例句中将名词 interpretation 转换译为动词"解释"。

A sight draft calls for immediate payment on presentation to the drawee.

即期汇票要求受票人见到汇票后立即付款。

该例句中的 presentation 为名词,而在译文中将其词性转换为动词,并译为“见到”。

(2)转换为形容词

在商务文本中,一些由形容词派生而来的名词可以转译为形容词。例如:

The experiment was a success.

这个实验是成功的。

该例句中的名词 success 转换词性译为形容词“成功的”。

(3)转换为副词

在商务文本中,有些意义比较抽象的名词及其短语与句子其他成分之间存在一定的逻辑关系,此时可根据其意义转译汉语的副词或相应的状语成分。例如:

I have the honour to inform you that your application has been accepted.

我荣幸地通知阁下,您的申请已被接受。

原句中的 honour 为名词,译文中将其转换译为副词“荣幸地”。

It's a pleasure to learn that you are quite satisfied with the quality of the sample of our article.

我们很高兴地获知你们对于我公司商品的样品的质量深感满意。

例句中的 pleasure 为名词,在翻译时将其转移为副词“高兴地”。

2. 形容词转换

商务文本中的形容词通常可以转译为汉语中的动词。例如:

Regional assistance payments shall be generally available to all producers within such regions, and such payments shall be limited to the extra costs or loss of income involved in undertaking agricultural production in the prescribed areas.

地区援助计划下的支付,应普遍为此类地区内的所有生产者所获得,此类支付应限于在规定地区从事农业生产所涉及的额外费用或收入损失。

该例句中的 available 和 limit 都为形容词,在译文中则将其分别翻译为动词“获得”和“限于”。

The export trade is subject to many risks. Ships may sink or consignments be damaged in transit, exchange rates may alter, buyers default or governments suddenly.

出口贸易常遇到许多危险。例如船舶可能沉没,货物可能在运输途中受损,外汇兑换率可能变动,买主可能违约,或者政府突然宣布禁运。

该例句中将形容词将 subject to 转换译为动词“常遇到”。

3. 副词转换

商务文本中的副词在翻译时多转换为汉语的动词或形容词。例如:

Advertising affects tremendously every sphere of modern life.

广告对现代生活的方方面面产生极大的影响。

例句中的 tremendously 为副词,在译文中将其翻译为形容词“极大的”。

The traveler was active; he went strenuously in search of the people, of adventure, of experience. The tourist is passive; he expects interesting things to happen to him. He goes “sight-seeing”.

旅行者是主动的,他下工夫去跟随大众,寻求冒险,崇尚体验。旅游者是被动的,他期待着有趣的事情发生。他是去观光的。

该例中的 strenuously 为副词,在翻译时将其译为动词“下工夫”。

## 二、商务文本句子的翻译技巧

### (一)长句的翻译

#### 1. 顺译法

对于商务英语中于汉语表达方式相似的长句,可以采用顺译法进行翻译。例如:

Loan commitment is a promise by bank to make a loan at some future date up to some maximum amount,perhaps at a pre-specified interest rate.

贷款承诺是指银行向客户做出的在未来一定时期内按商定条件为客户提供有约定上限的贷款的承诺,而利率有时是事先设定好的。

Four scores and seven years ago our fathers brought forth on this continent,a new nation,conceived in liberty,and dedicated to the proposition that all men are created equal.

八十七年前,我们的先辈们在这个大陆上创建了一个新的国家,她孕育于自由之中,奉行所有人生来平等的原则。

#### 2. 分译法

分译法是商务英语长句翻译中常用的方法,它是指将长句中的某些成分进行拆分。例如:

Manufacturing processes may be classified as unit production with small quantities being made and mass production with large numbers of identical parts being produced.

制造过程可以分为单件生产和批量生产。单件生产指的是生产少量的产品,批量生产则是生产大量相同的部件。

3. 重组法

重组法是指摆脱原文的结构和层次安排，根据汉语的叙事习惯将句子进行重新组合。例如：

The law of conservation and transformation of energy is the chief basis of physical astronomical and chemical reasoning as well as of engineering practice.

能量守恒和能量转换定律不仅是工程实践的主要基础，而且也是物理、天文及文化学等方面推理的主要基础。

## (二)从句的翻译

### 1. 名词性从句的翻译

商务英语翻译中名词性从句的翻译主要涉及以下几种情况。

(1)主语从句一般按照原文的顺序进行翻译，对于以 it 作形式主语的主语从句可根据情况将从句提前，也可以不用提前。例如：

It does not make much difference whether he attends the meeting or not.

他参加不参加会议没有多大关系。

(2)宾语从句的翻译与主语从句的翻译方法基本一致。例如：

I regard it as an honor that I am chosen to attend the meeting.

我被选中参加会议，感到光荣。

(3)商务英语中的表语从句一般也是按照原文的顺序进行翻译。例如：

The reason is that we believe the global cooperation in trade and economy requires a universal rule.

我们认为世界的贸易和经济合作需要有一个统一的规则，这就是原因。

(4)对于同位语从句的翻译,既可以保留原文的顺序,也可以将从句提前进行翻译。例如:

It does not alter the fact that he is the man responsible for the delay.

延迟应由他负责,这个事实是改变不了的。

### 2. 定语从句的翻译

汉语的定语经常放在名词中心词的前面。英语中定语的位置则相对较为灵活,单个词作定语时一般放在被修饰词的前面,而词组、短语或者句子作定语时一般放在中心词的后面。因此,在商务文本翻译时应注意英汉语言定语的位置的处理。例如:

There were components in that shipment which had varied defects that often resulted in performance failure.

在那批设备中,有些部件发现有不同程度的缺陷,造成了设备经常运转失灵。

该例句将原文中的定语从句翻译为连动结构。

All taxes and duties inside the Seller's country to which the seller is liable in connection with the contract shall be borne by the seller.

卖方所在国境内发生的与本合同有关的一些赋税及关税均由卖方承担。

在该例句中原句的定语从句 inside the Seller's country to which the seller is liable in connection with the contract 翻译为定语“卖方所在国境内发生的与本合同有关的”。

### 3. 状语从句的翻译

英语商务文本中常常会出现一些表示原因、目的、时间、让步等的状语从句,在翻译时,一般将表示条件、让步和原因的从句置于主语之前,而将表示结果、比较、方式等的状语从句置于主语之后。有时也会根据汉语的表达习惯进行适当调整。例如:

Should one party fail to perform its contractual obligations, the other party will bring a lawsuit against it.

如一方未能履行其合同义务,另一方可向法院起诉。

If the credit is not confirmed by another bank, it is an unconfirmed letter of credit.

如果信用证未经另外一家银行保兑,它便是不保兑信用证。

### (三)被动句的翻译

商务英语中被动句的使用比较频繁,在翻译时,可以将英语中的被动句译为汉语中的被动句,也可以译为汉语中的主动句或是无主句。

(1)译为汉语的被动句。例如:

Because of its cost, it is limited in practical use.

由于成本问题,它的实际应用受到了限制。

The assessment of quality is seen as the first step in implementing a quality system.

这种质量评估被视为贯彻执行质量体系的第一步。

The export of this article is exclusively handled by us.

该项商品的出口由我公司专营。

(2)译为汉语的主动句。例如:

This problem will be required at the next meeting.

这个问题将在下次会议上进行讨论。

Safe and reliable, this credit is extensively used in world trade.

这种信用证既安全又可靠,在国际贸易中广泛使用。

Tariffs are often protective, and are designed to carry out a particular economic policy.

关税往往具有保护性质,并用以贯彻具体的经济政策。

(3)译为汉语的无主句。例如:

Attention should be paid to the study of proteins.

应该注意对蛋白质的研究。

Partial shipments are allowed.

允许分运。

Your early confirmation would be greatly appreciated.

万分感谢您能早日给予确认。

## 三、商务文本语篇的翻译技巧

对于商务文本语篇的翻译需要注意的主要问题是语篇的衔接，具体来说，在翻译的过程中，可以有以下三种处理技巧。

### （一）再现原文衔接手段

商务文本中有些语篇在衔接方式上与汉语存在相同之处，对于这类语篇的翻译，可以再现原文的衔接手段。例如：

To make matters more confusing, these similar deposit vehicles are called by different names from bank to bank.

使得事情更为复杂的是，这些相同的储蓄工具被不同的银行冠以不同的名字。

This contract is made by and between the buyers and the sellers, whereby the buyers agree to buy and the sellers agree to sell the under-mentioned commodity according to the terms and conditions stipulated below.

本合同由买卖双方订立，因此买卖双方同意按照下面规定的条款购买以下商品。

### （二）转换原文衔接手段

对于不能直接再现的语篇衔接，可以进行适当的转换，以使译文表达更加自然和流畅。例如：

Credit cards enable their holders to obtain goods and services on credit. They are issued by retail stores, banks, credit-card companies to approved clients.

信用卡能使持卡人通过赊账的方式购买商品，获得服务，信用卡由零售商店、银行或信用卡公司发放给经过批准的客户。

The corporate charter also authorizes the corporation to issue and sell shares of stock, or ownership in the corporation, to enable the corporation to raise money.

公司章程授权公司发行和销售股票，转让公司所有权，以便为公司筹措资金。

(三)省略原文衔接手段

由于英语和汉语在表达方式上存在很大的差异，在翻译商务文本时可以对原文的衔接手段进行适当的省略，以使译文更符合汉语的表达习惯。例如：

It is not rare that either party to a contract may fail to perform his duties.

合同一方没能履行责任的情况并不少见。

We are in process of examining the incident in question and ask for your patience in this matter until we can report back to you.

我们正在调查这一事件。请贵方耐心等待，我们将反馈给贵方。

# 第六章　英语广告文本翻译研究

当今社会,随着大众传播媒介的迅速发展以及商品流通的需要,广告与人们的生活越来越密切相关。各商家都绞尽脑汁创作各种广告,以吸引消费者的注意。不仅如此,随着国际各领域交流的不断深入,越来越多的国外产品涌入国内,这使得广告翻译也越来越受重视。本章就结合英语广告文本的语言特征,具体分析广告文本的翻译技巧。

## 第一节　英语广告文本语言分析

### 一、英语广告文本的词汇特征

#### (一)使用简单词

简单的词汇通俗易懂,朗朗上口,且具有较强的表现力与感染力,易于为广大消费者所接受,因而常出现在商务英语广告中。例如:

My goodness! My Guinness!

我的天啦！我的健力士啤酒！(健力士啤酒广告)

本例中的“My goodness!”原是口语中表示惊叹的说法,而 Guinness(健力士啤酒)与 goodness 具有相同的头韵与尾韵,既勾勒出饮用 Guinness 时赞不绝口的情景,又使广告易于记忆。

再如：

The only car in its class.（1993 VILLAGER 汽车广告）

It gives me clear，plain paper faxes at a price I can afford.（Canon 复印机广告）

### （二）使用复合词

在英语广告文本中不仅经常频繁使用简单词，复合词也很常见。所谓复合词就是把两个或两个以上的词，按照一定的次序排列构成新的词组。之所以使用复合词，是因为复合词结构结构紧凑且构词成分灵活多变，能有效体现出广告的创意精神，从而加深消费者的印象。例如：

From a heavyweight，comes the latest lightweight.

不同凡响，携带方便。

上述 Sony 耳机的广告中巧妙运用了 heavyweight 和 lightweight 两个对比强烈的复合词，从而有效突出了产品的特点。

Sophisticated sweet-to-drink Pink Lady.

高级，可口的红粉佳人。

上述这则广告使用含有隐喻修辞手法的复合形容词来修饰 Pink Lady 的产品，使得产品极富美感。

When your taste grows up，Winston out-tastes them all.

当你的鉴赏力提高后，你会发现温斯顿香烟味道最佳。

上述 Winston 的香烟广告中使用了复合词 out-taste，有效地突出了该香烟的优势。

### （三）使用缩略词

由于广告花费的费用较高，为了降低广告成本，往往采用缩略语的形式节省一定的篇幅，从而有效地节约广告成本。因此，在英语广告文本中缩略语的使用就很普遍。具体来说，英语广告中的缩略词主要包括以下几种。

(1)首字母缩略词。这类缩略词主要用于表示国家、专门机构或习惯搭配的名词。例如:

HK(Hong Kong)香港

PRC(the People's Republic of China)中国

P. O. (Post Office)邮局

PR(public relation)公关

JV(joint venture)合资企业

(2)去元音缩略词。例如:

hr(hour)小时

rm(room)房间

pls(please)请

(3)去尾缩略词。例如:

sal(salary)薪水

ed(education)教育

prog(program)程序;项目

(4)混合缩略词。例如:

bldg(building)建筑

mgmt(management)管理

下面以一则招聘广告为例。

Help Wanted Waitresses Exp. Only

P/T and F/T Openings. M/F/Day and evenings.

Apply in person. 525 3Av NYC(btwn 24 & 25 Sts).

只限经验丰富的女服务员,现需兼职和全职服务员若干名。

星期一至星期五的白班和晚班。

要求本人前来申请。

地址:纽约市第三大街 525 号(在第 24 和第 25 大街之间)。

上述广告虽然短小,但却使用了 Exp(experience),P/T(part time),F/T(full time),M/F(Monday-Friday),Av(Avenue),NYC(New York City),btwn(between),Sts(Streets)。这些缩略词的使用使得广告语言的表达精练之至。

## (四)使用人称代词

英语广告文本为了使顾客对其产品感到亲切并具有参与感，经常使用人称代词，尤其是第二人称 you。人称代词的使用可以在无形中拉近厂商与顾客之间的距离，让顾客体会到商家处处为自己着想的心思，从而对商品产生认同感。例如：

In college, he decided to take Army ROTC.

Today, he's deciding the future of a company.

在上述广告中，"他"代表着一个成功的商人，而 Army ROTC 是"一门教人如何变得明智的课程"。广告中的"他"为读者树立了成功的榜样，暗示读者通过学习这门课都能像"他"一样在事业上获得成功。可见，该广告中人称代词的使用很容易使读者产生一种亲切感和代入感，从而成功地吸引读者参加该课程的学习。再如：

She usually complains about my anniversary gifts, but this year she is going to smile.（某品牌香水广告）

We made this watch for you to be part of your life—simply because this is the way. We always make watches. And if we may draw a conclusion, it would be this: Choose once and choose well.（某品牌手表广告）

上述两例广告通过人称代词的使用给消费者带来宾至如归的感觉。

## (五)多用形容词及其比较级与最高级

广告的目的就是通过突出产品的特点与优势，从而吸引消费者的注意力，促使其采取最终的购买行动。因此，商务英语广告的一个重要任务就是尽力美化与粉饰产品。这就需要大量地使用形容词，尤其是那些评价性的褒义形容词。不仅如此，这些褒义形容词比较级和最高级也经常被使用，以便突出产品的性能、品质及优点。广告英语中经常使用的形容词包括下面一些：fine, new, good/better/best, great, free, crisp, sure, bright, clean, fresh, real, easy, full, special, safe, rich, extra 等。例如：

Safer, thriftier, cleaner.

更安全，更节能，更环保。

上述是奇瑞汽车的一则广告，广告中连用三个比较级，将消费者实实在在的需求表达了出来。

Better skin day after day.

Better skin year after year.

日复一日，年复一年，肌肤越来越润泽。

上述是 Vanilla Musk 润肤品的广告，使用了两句对仗的形容词短语来修饰产品。

Excellent daily special and mouthwatering desserts.

上述是一则餐厅广告，整个广告语中，形容词占了一半，对消费者来说可谓极具吸引力。

Smirnoff is the world's smoothest, cleanest tasting vodka.

Smirnoff Vodka 80 & 100 Proof distilled from the finest grain.

Smirnoff 是一种著名的伏特加酒的商标名，常译为“司木露伏特加酒”。该则广告中不仅运用了一些形容词，而且还反复利用这些形容词的最高级形式，来强化“司木露”非凡的品质：口感最纯正、最爽口、最富余韵，并且是精选上等的谷物提炼酿制而成的，因而其标准酒精强度达到 80 和 100。对于喜爱酒的消费者来说，无疑具有很强的吸引力。

### （六）创新生词

有时候，商家为了尽可能地吸引消费者的注意力，激发消费者的购买力，会采用各种手段宣传自己的产品，创造新词就是其中的一种。这里的新词是指在原词的基础上创造出来的词，虽然与原词有着不同的拼写，但是却有着相似的神态与意蕴。在英语广告文本中通过创造一些新词，有利于增强语言的感染力，从而有效地提升广告的魅力与实现良好的广告宣传效果。一般而言，创造新词的方法主要包括模仿造词、简化拼写、词组创新、错拼创新等。例如：

I'm lovin it.

上述麦当劳广告中，lovin it＝love it in heart。

The Orangemostest Drink in the world.

上述饮料广告中的 Orangemostest 由 orange＋most＋est 组成，mostest 用在 orange 之后，表达了这种饮料是橙汁中的极品的观点。

OIC.

上述是一则很经典的广告语，是由美国一家广告公司创作的。该则广告中，三个大写字母放在一起从形状上看酷似一副眼镜，这样首先在外形上就吸引了消费者的注意力。其次，广告语的读音恰好与“Oh，I see.”的读音类似，可译成“哇！我看见了！”可见，这则广告不仅生动、简洁、形象，而且巧妙地使用了谐音，表达了戴上此眼镜之后给消费者带来的欣喜之情。

We know eggsactly how to sell eggs.

我们怎么不知道怎样卖蛋？

上述广告语中的 eggsactly 是一个故意拼错的单词，它由 eggs 和 exactly 两个词结合而成。正因为这样，该词在形态上与句末的 eggs 遥相呼应，起到了生动形象、加深读者印象的效果。

### (七)偶用外来语

随着世界贸易的不断发展，现代各国的很多商品都直接由外国进口，或虽由本国生产，但却富有异国风味。体现在英语广告文本中，就是经常会出现外语字眼，体现产品所拥有的异国风味或较高质量，从而吸引消费者的注意。例如：

Order it in bottles or in cannes.

Perrier… with added je ne sais quoi.

上述是一则介绍法国软饮料的广告，其中 je ne sais quoi 是法语，即英文中的I don't know what。法国素以葡萄酒闻名于世，因此在广告语中加一点儿法文，不仅大大增强了商品的附加价值和吸引力，还表明了其正宗的法国风味，有效地吸引了读者注意力。

YOPLAIT YOGURT EST FABASTIQUE.

上述是一则某酸奶广告的标题，其中EST FABASTIQUE即英文中的is fantastic，表明这种YOPLAIT酸奶具有浓郁的法国风味，美味无比。

## 二、英语广告文本的句法特征

### （一）使用简单句

广告英语要求能吸引读者，有高度的可读性，尽量使读者一目了然，对所推销的商品或劳务有深刻的印象。这就决定了广告英语的一个重要特点，即语句简短。[①] 此外，语言简单明了还有利于节省篇幅，降低广告费用。例如：

It's for a lifetime.

你的人生伴侣。

这是一则手表广告。仅仅一个简单句，却语意深刻，既说明了产品的寿命之长，价值之高，又显示出了产品的稀有和珍贵。

Our finest time.

共度美好时光。

上述是一则酒广告，直接以短语作句子，似乎一对情侣正在共饮世界名酒，精练通达、引人入胜。

### （二）使用祈使句

为了增强广告的宣传效果以及说服力，商家在广告中经常会使用祈使句来表达请求、建议、敦促或者请求等内容，从而迎合消

① 郭贵龙，张宏博．广告英语文体与翻译[M]．上海：华东师范大学出版社，2008：19.

费者的消费需求，激发消费者的购买动力，这是陈述句无法比拟的。例如：

Come and sit with me a while.

过来和我坐会吧。

这是一则景点广告，该广告以拟人的修辞手法带有请求的口吻进行宣传，体现出该景点的内在美感，富有亲和与温柔，令人神往，读者看完这则广告会有难拒其盛情邀请之感。

Get the feeling.

身临其境。

述是一则关于《体育画报》（*Sports Illustrated*）的广告。虽然仅有三个词构成的祈使句，但却极富感染力，引人入胜，让人产生购买该画报的冲动。再如：

Make this Sunday a fun day.（旅游公司广告）

Go for the sun and fun.（旅游公司广告）

Imagine your child in a work of art.（照相机广告）

Be one of the 1,200 fastest families in America.（汽车广告）

For more of America, look to us.（信息咨询广告）

### （三）使用一般现在时

为了使广告的宣传内容更具有真实性，在英语广告文本中经常使用一般现在时，意味着该产品的性质、功能、信誉都具有长久性。例如：

The taste is great.

味道好极了。（雀巢咖啡广告）

America spells cheese, K-R-A-F-T.

奶酪的美国拼法：K-R-A-F-T。（卡夫奶酪广告）

To me, the past is black and white, but the future is always color.

对我而言，过去平淡无奇；而未来，却绚烂缤纷。

Without our new E-ticket, all you have to bring is yourself.

选用我们新的电子客票，阁下不需携带任何东西，只要带着

自己。(英国航空)

### (四)使用省略句

广告英语由于受篇幅、时间、空间、费用等多种因素的限制,经常采用省略句,当然使用省略句的好处也是显而易见的,如简洁易懂、降低成本等。广告中省略的成分可以是主语、谓语,也可以是宾语或其他成分。例如:

A mild way. Make it a mild smoke. Smooth,rich,rewarding.

柔柔地吸一口,给你柔柔的烟香,无限的温柔、口感、享受!

上述是一则香烟广告,将香烟给人的 mild 感觉充分地体现了出来。

### (五)使用分离句

分离句的使用可以说是商务广告英语中的独特现象。分离句就是利用句号、分号、连字号、破折号等将句子切割出来,从而形成更短的结构。分离句通过将句子分割成更多的信息结构单位,在增大信息量的同时节省了空间和费用,而被分割出来的部分往往就是该产品的特征。例如:

Paintex gives you a smooth and shining finish that lasts. And lasts.

上述是一则油漆广告语,该句在一般英语中应为:Paintex gives you a smooth and shining finish that lasts and lasts. 但在这里,它采用了分离句,用句号将 And lasts 与前面分开,有效突出了该油漆效果持久的优良品质。

In a few years,Fun Fruits snacks have become a wholesome part of growing up. A way of having fun. And sharing fun.

But the best thing about Fun Fruits is that they're made with real fruit.

So every chewy one is real fruity fun. Fun to eat. And fun to share.

上述是 Fun Fruits 食品广告中出现的分离句，它强调了该食品能给消费者所带来的快乐。此外，被分离出来的四个部分都出现了 fun 这个词：A way of having fun; And sharing fun; Fun to eat; And fun to share。

### (六)使用疑问句

在英语广告文本中使用疑问句能够有效地激发消费者对该产品的好奇心，通过提出问题的形式引发消费者的思考，让他们对该产品产生深刻印象。例如：

Need a cleaner that shines without scratching?

需要一种光亮而不留擦痕的清洁剂吗？

这是一则清洁剂广告，这则广告中使用了疑问句的形式，主要是为了激起消费者对该清洁剂的兴趣与好奇，令消费者在思考这一提问的过程中产生购买的欲望。

CORPORATE RESCUE
COMPANY THREATENED?
CREDITORS PRESSING?
DOUBLE DEBTS?
PERSONAL GUARANTEES?

Our business is solving problems.
If anyone can help you, we can.

公司拯救
公司受到了威胁？
债主在逼债？
债务重重？
个人担保？

我们的业务就是解决问题。
我们比任何人都能更好地帮助你。

### (七)使用引语

为了更好地宣传产品的功效，广告商经常会选用一些消费者的评语作为广告，以消费者的口吻介绍该产品的特征，让消费者更容易信服，从而有效地增强了广告的可信度。通常而言，使用的引语大多形式新颖、语调活泼，具有很强的说服力。例如：

"I absolutely refuse to have damaged hair! And now I don't have to. I have handfuls of shiny, healthy-look hair. Because I finally got my hair dresser to tell me his secret—Infusium 23."

这是一则护发素广告，通过使用引语，拉近了消费者与该产品的距离，仿佛是在听自己的朋友讲述自己的使用心得一样，亲切、自然，容易让消费者接受。

### (八)偶用否定句

广告的目的是通过对商品的介绍来促使消费者做出购买决定，因此适宜用肯定句，不用或较少使用否定句。即使用否定句，一般来说也是为了用其他商品来反衬，或从反面突出本产品的特性。例如：

We are having problems with Guests who won't leave.

真伤脑筋！客人怎么也不愿意离开。(某宾馆广告)

这则广告正话反说，表面上在"抱怨"客户不愿意离开，暗中却以幽默的语气突出强调了旅馆的服务质量之高。

## 三、英语广告文本的修辞特征

### (一)比喻

英语广告文本中的比喻有明喻和暗喻之分，下面分别进行介绍。

#### 1. 明喻

所谓明喻就是将两种事物之间的相似之处进行比较。明喻中的一方是事物的本体，另一方是喻体，二者之间通常有明显的标志词,如 like,as 等,从而使人产生一种清晰具体的联想,进而对本体具有深刻的印象。广告英语中经常使用明喻。例如:

Featherwater: light as a feather.

法泽瓦特眼镜:轻如鸿毛。

上述这则眼镜广告也是一个典型的明喻句,用 as 引出喻体,使得产品更有说服力。

As soft as mother's hands.

像母亲的手一样柔软。

上例这则童鞋广告将鞋子的柔软与母亲的手进行比较,孩子穿上该款鞋子如同感受到了妈妈的温暖。

Moms depend on Kool-Aid like kids depend on moms.

妈咪依赖 Kool-Aid,就像孩子依赖妈咪。

上例使用明喻的修辞手法,同时使用了 moms,kids 等生活气息很浓厚的词,使得这种 Kool-Aid 牌的饮料颇具亲切感。

Cool as a mountain stream… cool fresh Consulate.

上述这则 Consulate 牌香烟广告以明喻的手法,将该烟如山间溪流般清爽宜人的特点表现得淋漓尽致,让吸烟者不禁为之心动,跃跃欲试。

2. 暗喻

暗喻是根据两种事物之间的某种共同特征或内在联想,将一个事物的名称用在另一个事物的名称上,但是并不直接点明,而是需要读者自己去领会。因此,暗喻不像明喻那样,并没有类似 as,like 等介词,而是比较含蓄,但这种含蓄恰恰给读者留下了更为丰富的想象空间,也更能激发起读者对该产品的好奇心,进而产生购买欲。例如:

All of New York is a stage.

纽约就是个大舞台。

上述译文暗喻纽约是一个大舞台,吸引游客去纽约风光"表演"。

You're better off under the Umbrella.

We're rolling out the red carpet for Asia's elite travelers.

上述是港龙航空公司(Dragonair)的广告语,用"展开红地毯"喻指为亚洲尊贵的旅行者提供最热烈的欢迎、最高贵的条件,从而使人联想到接待。

It cleans your hair gently without harshly stripping off all the essential oilskin or leaving anything strange ones behind. So all the health and beauty of your hair shines through.

上述是一则洗发水的广告,用一个动词 shines 将含蓄的暗喻表达出来,把头发的健美比作光体在闪闪发光,如此生动的比喻立刻将产品的特点表现得淋漓尽致。

### (二)拟人

在商务英语广告中使用拟人可以将所宣传的事物人格化,赋予产品以生命与情感,从而使产品变得富有人情味,使消费者倍感亲切。例如:

Unlike me, my Rolex never needs a rest.

不像我,我的劳力士从不需要休息。(Rolex 手表广告)

上例是劳力士手表的广告,其中 my Rolex never needs a rest 采用了拟人手法。这样做的好处在于将人需要休息而劳力士从不休息(停止)作对比,使观众了解该品牌手表的优良特性,产生购买欲望。

Why your skin drinks it down so quickly?

上例是一则玉兰油广告,其中的 skin 被拟人化,再加上动词 drink 的使用,生动地体现了玉兰油产品易于吸收的功效,足以显现出玉兰油产品诱人的吸引力。

### (三)排比

英语广告文本中经常使用排比重复或强调,以加强语势,突出产品性能与优点,有效吸引读者注意力。同时,排比句的使用也使得广告语言更加朗朗上口，便于记忆。例如：

Maybe she's born with it. Maybe it's Maybelline.

美来自内心，美来自美宝莲。

上述是美宝莲的一则广告。这则广告虽然只有短短的两句话，用了 maybe 一词进行排比，却传达出美宝莲的产品功效、内涵，并且语言优美，节奏明快，内容简洁，容易给消费者留下深刻印象。

The leather shoes made here and thick enough; the profit that's obtained is slight enough.

皮张之厚无以复加，利润之薄无以复减。

上例是上海鹤鸣皮鞋的一则广告，运用排比巧妙地体现了鞋子的质量之高和价格之低廉。

It's not your car;

It's not your friends;

It's not your job;

It's your watch that tells most about who you are.

你的名贵爱车

你的名流朋友

你骄傲的工作

都无法代表你自己

唯有你手上的表，是你真正的风采

上述是 Seiko 表的广告。这则手表的广告使用一连串的排比和对比，突出了一块好的手表对一个人的必要性，引起消费者对表的质量、品位、品牌的重视，并且使该品牌深刻地留在消费者的印象中。

(四)双关

所谓双关是用同样的词来表明不相同的意义，是同形异义词或同音异义词的巧妙运用。双关通过词语的语音和语义，使某些句子在特定的语境中具有表面和内涵的双重意义，即一句话涉及两件事，一明一暗，一真一假，言此意歧。使用双关不仅可以使语言风趣简洁，增添广告的趣味性和幽默感，而且还可以引发读者的联想，使其在轻松愉悦中自然地接受广告中所传递的商业信息。双关是英语广告中最常用的修辞手段之一。具体来说，主要有以下几种形式。

1. 谐音双关

谐音双关是将两个原本在语义上毫无联系的同音或近音异形异义词，天衣无缝地安排在句子中，从而产生语义上的双关。谐音双关通常具有幽默风趣、滑稽俏皮的语言风格，运用到广告中则能增强广告的说服力与感染力，迅速产生效应。例如：

I'm More satisfied!

上述是More牌香烟的广告。此处，More既是香烟的牌子，又作为副词"更"，说明此产品更能使人满意，撰稿者巧妙地利用产品名称达到了双关效果。

2. 语义双关

语义双关利用某个词语的多义性，使得词语或句子在特定的环境中形成语义上的双关。从字面上看虽然只有一个词，但实际上却关联着两种不同的意义，甚至是言在此而意在彼，造成一种委婉含蓄、耐人寻味的意境，与消费者形成共鸣，刺激其消费欲望。例如：

Try our sweet corn. You'll smile from ear to ear.

上述是一则玉米广告，其中的ear既可指人的耳朵，又可以表示"穗"，而from ear to ear则生动地描绘了人们对这种玉米的喜爱，即"吃了一个又一个，笑得乐开怀"，从而巧妙地推销了该玉米。

Money doesn't grow on trees but it blossoms at our branches.

上述是英国劳埃得银行广告。此广告中Branch一词用得很巧妙，其有两层意思：一为字面含义，承接上句中的trees，指树枝；而更深一层的含义则为“分行、支行”，即该银行的各个分支机构。这个广告的真正意图是号召人们将钱存到劳埃得银行，这样他们的钱就会不断增加。

You will go nuts for the nuts you get in Nux.

上述是一则坚果广告：(go)nuts和(the)nuts字同音同，Nux字不同而音似，但三者所指各异：前者与go构成的短语表示兴高采烈的意思，后者为坚果商标，中间的nuts指Nux牌的坚果，三者连用所构成的双关，声调铿锵，充满情趣，有助于广告语在消费者中的传播，扩大广告的宣传范围与宣传效果。

3. 语法双关

所谓语法双关是指由于语法方面的问题产生的双关，如省略结构、某词或词组具有两种以上语法功能等。例如：

Coke refreshes you like no other can.

没有什么能像可乐那样令您神清气爽。

can既有情态动词“能”的意思，又有名词“听，罐”的意思，因此上例广告语可理解为“Coke refreshes you like no other (can: tin, drink) can (refresh you).”广告富于文字情趣，诙谐机智，能给读者留下深刻的印象。

(五)夸张

夸张是指故意把客观事物或现象加以夸大或缩小。在英语广告文本中适当使用夸张可以有效突出商品的质量、特征，也能够体现厂家或商品的自豪、自信的气概，从而给人以某种感染力和鼓动力，给消费者留下深刻的印象，刺激其购买的欲望。需要注意的是，夸张绝不等于虚假，更不是欺骗，它只是一种语言手法。例如：

Take Toshiba, take the world.

东芝在手，世界在握。

上述是东芝笔记本电脑广告，信心十足地说明了东芝电脑的主宰性。

You name it, we've got it.

您要买什么，我们就有什么。

上述是美国某超市的广告语，运用夸张手法，其气魄之大、自信之足，可见一斑。

Nobody is perfect.

上述是一则苗条健身器材的广告。该广告以缩小手法告诉人们没有人是十全十美的，大家都有必要选用该器材，把适用的范围扩大到所有人，向所有人推销该产品，以此扩大销路。

We have hidden a garden full of vegetable where you'd never expect in a pie.

在您意想不到的一个地力，我们珍藏了满园的蔬菜，那是在一个馅饼里。

在馅饼里藏一个蔬菜园当然是不可能的，上述这则馅饼广告突出的是该种馅饼多用蔬菜作为原料，品种多得就像一个蔬菜业园一样，从而在侧面反映出馅饼的营养很丰富。

### (六)反复

反复就是对重点词或重要概念的重复。英语广告文本中的信息具有一定的强迫性，为了突出某种产品和信息，加深消费者的印象，有时会故意重复某些词语或句法。例如：

Extra Taste. Not Extra Calories.

额外的口味，而无额外的热量。(某快餐食品广告)

上述广告将 extra 的前后意思进行对比，即使肥胖者或减肥者也会在轻松幽默的气氛中自然地接受这则广告和产品，而不会望而却步了。

A new car.

A new way to build it.

A new way to buy Escort.

上例是 Ford Escort 车的广告。广告 3 次重复 new 一词,层层深入地宣传了这款车在款式、制作方法和购买途径上的“新”,将车的各方面优点全面地展示了出来,有助于吸引消费者注意该款车。

### (七)仿拟

在英语广告文本中,使用仿拟修辞可以达到标新立异的效果,从而增加广告的趣味性,是一种快速吸引读者注意力的有效方法。而仿拟的对象主要是那些人人皆知的词语、成语、习语、名言佳句等。例如:

My goodness! My Guinness!

我的天啊! 我的 Guinness!

My goodness 本英语为口语中表示惊叹的说法,Guinness 则是一种爱尔兰最畅销的啤酒,My Guinness 不仅仿拟 My goodness,且 Guinness 与 goodness 尾韵和头韵相同,既朗朗上口,又形象勾勒出了饮用 Guinness 时赞不绝口的景象,使消费者为之心动。

A Mars a day keeps you work,rest and play.

每天吃一块巧克力就会使人聪明,身体健康。

上例是一则巧克力广告。这句广告词仿拟了两则英语习语:首先,在句式上仿拟了“An apple a day keeps a doctor away.”(每日一苹果,医生远离我);其次,在尾韵上仿拟了“All work and no play makes Jack a dull boy.”(只工作不玩,聪明的孩子也会变傻。)

### (八)对偶

对偶修辞的使用可以有效增强语言的气势,增添语言的音韵美,突出所强调的内容,因此英语广告文本中常采用对偶这一修辞手法。例如:

A business in millions, a profit in pennies.

百万买卖,毫厘利润。

上述广告中 millions 与 pennies 语义上形成强烈的对比,运用对偶修辞格使得语言节奏优美,朗朗上口,生动地塑造了企业的形象,很能打动消费者的心。

A contemporary classic. A timeless timepiece.

当代经典产品,永久计时装置。

上述这则广告英语结构对称,且语义令人回味无穷。

Double delicious, double your pleasure.

双重美味,双重愉悦。

上述广告中的两个 double 并用,但词性却不尽相同,一个副词,一个动词,作用也不尽相同,耐人寻味。

### (九)押韵

押韵本是诗歌中常用的修辞手法,它能使人产生一种乐感,在音韵中加深记忆。广告英语中的押韵则运用语言的声音与韵律,使广告读起来抑扬顿挫,富有节奏感并朗朗上口,这种视觉与听觉、形式与内涵的美妙组合往往能有效激发人们的消费欲望。例如:

Hi-Fi, Hi-Fun, Hi-Fashion, only from Sony.

高度保真,高级趣味,高尚名流,来自索尼。

上述这则索尼产品的广告也采用了押韵的修辞特点,其中的 Hi-Fi, Hi-Fun, Hi-Fashion 分别押头韵 Hi 和 f,不仅富有节奏、赏心悦目,而且将该产品的性能和质量表现得淋漓尽致。

Sofa-So-Good.

上例是一家沙发公司的广告,头韵的使用使广告显得节奏简洁明快、朗朗上口,而 sofa 与 so far 同音,这样极大地增强了语言的表现力,暗喻产品质量一贯优质。

## 第二节 英语广告文本的翻译

### 一、直译法

直译是广告英语文本中最常用的翻译方法，当广告语的内容比较直接地介绍产品，并且意思表达很准确时就可以采用直译的方法进行翻译。例如：

Nurture the Young. Create the Future.

培育新一代，携手创未来。（香港小童群益会广告）

Winning the hearts of the world.

赢取天下心。（法国航空公司广告）

Shanghai TV—Watching is believing.

有目共赏。（上海电视广告）

We're Siemens. we can do that.

我们是西门子，我们能办到。（西门子广告）

### 二、意译法

意译在广告语翻译中也很常见，在涉及不同国家、不同背景、不同生活习惯和不同思维方式的时候就需要我们根据语言的具体含义来进行适当的意译。意译法更加注重对语言形式和文化背景的翻译。例如：

Spoil yourself and not your figure.

放心吃用，不增体重。（冰淇淋广告）

UPS. On time，every time.

UPS——准时的典范。（UPS 快递广告）

For next generation.

新一代的选择。(百事可乐广告)

We care to provide service above and beyond the call of duty.

殷勤有加,风雨不改。(UPS快递广告)

Essence of Living Beings,Energy for Life.

汲取生物精华,焕发生命潜能。(太阳神口服液广告)

## 三、创译法

所谓创译就是在原文的基础上创造性地添加一些内容来进行翻译,使译文忠于原文又高于原文。英语广告翻译中经常使用这种方法。例如:

北京欢迎您!

We are ready.

如果将奥运会口号"北京欢迎您!"直译为"Welcome to Beijing"并没有错误,但这种译法过于死板,没有体现出北京人和中国人热情好客的性格。We are ready是高于字面意思的创造性的翻译,不仅体现出中国人民为奥运会所做的精心准备,而且别出心裁,易于记忆。实践证明,这种译法受到广大外国游客的普遍欢迎。

Intel Pentium:Intel inside.

给电脑一颗奔腾的"芯"。

上述广告语采用了创译法对产品进行了宣传,既体现了奔腾处理器的重要性,又体现了芯片的质量好。

## 四、增译法

广告翻译中的增译是指对原文的某些关键词的词义进行挖掘、引申或扩充,将原文的深层意思加以发挥,从而使译文的隐含意义凸显出来,并超越原文。例如:

Everything you've heard is true.

真材料，真感受，真服务。（汽车广告）

Elegance is attitude.

优雅态度，真我性格。（浪琴表广告）

## 五、音译法

概括来说，广告英语翻译中的音译法可分为两类：联想音译和非联想音译。

### （一）联想音译

采用联想音译法（associative transliteration）译出的广告不仅巧妙利用汉字组合来标音，其字义组合还往往具有一定的联想意义，即具有联想性。具体来说，联想性包括表意型和误导型两个类别。

1. 表意型

表意型（descriptive type）联想音译中的汉字组合一般会向消费者暗示产品的性能、特色与优势等，因此这类联想音译常常通俗易懂、易于记忆，具有强烈的广告效应。例如：

sonar 声纳（利用声波测取数据的技术）

vitamin 维他命（维生素）

paracetamol 扑热息痛（对乙酰氨基酚片）

Atarax 安泰乐（安神药——安神静气、泰然自若、其乐无穷）

Bens 奔驰（高性能轿车——飞速奔驰、勇往直前）

Coca-cola 可口可乐（可口饮料——美在口中、乐在心中）

shampoo 香波（洗发剂——洗后留下的乃是芳香及飘逸的发波）

2. 误导型

误导型（misleading type）联想音译也会对产品的性能进行介绍，但这种介绍常常使消费者产生误导性联想。例如：

dacron 的确凉(的确良)

dacron 是一种透气性和吸水性都极差的聚酯纤维织成品。它最初被引进我国时,按照广东方言被音译为“的确凉”,这一名称使得人们争相购买。但到了夏天,“的确凉”并未给穿着它的人们带来清凉。

turbine 透平

从字面意思来看,“透平”很容易使人联想到光学仪器(如透镜等)或玻璃器皿,但它实际上是“涡轮机”。

### (二)非联想音译

非联想音译(nonassociative transliteration)的音译汉字组合不具备联想意义,而只是用来标音,因此又被称为“纯音译”。例如:

Franklin antenna 富兰克林天线

hertz 赫兹

celluloid 赛璐璐

hormone 荷尔蒙

laser 激光

aspirin 阿司匹林

penicillin 盘尼西林

## 六、转译法

在广告翻译过程中,有时要依照译语习惯,根据上下文和搭配,进行不同角度的转换。归纳起来,转译法主要有三种形式。

### (一)转换视角翻译

因中西方的思维方式存在差异,有时同一种概念在英汉语中却运用相反的角度来表达,这种现象在广告翻译过程中要尤其注意。例如:

black tea 红茶(不是“黑茶”)

red eye 廉价威士忌酒(不是“红眼病”)

dry goods 纺织品(不是“干货”)

teashop 品茶的场所(不是“茶叶店”)

sweet water 淡水、饮用水(不是“糖水、甜水”)

### (二)虚译与实译

为使广告译文符合译语习惯,使读者更好地理解原文,有些情况要区别对待。比如,英语虚写,汉语要实译;汉语虚写的地方,英文需要实译;英语实写的地方,汉语却得虚译。例如:

Belima X, the ultra-fine microfiber, is a dream fabric that comes true.

Belima X 超细纤维使梦幻中的想象变成现实。

上句中的 a dream fabric 是实写,汉语译文则抽象、笼统。

### (三)替换形象翻译

同一种形象或传达同一信息在译文和原文中可以采用各自不同的比喻实现,这种情况很常见,此时翻译就需转换视角,替换形象。例如:

Easier dusting by a s-tre-t-ch!

拉拉会长,除尘力强。

上述这则广告语中,stretch(延伸)作为除尘布的牌子,使用了别出心裁的拼写方法,汉语用“拉拉会长”代替直观视角感到的伸长之意。

## 七、不译法

不译严格来说算不上是翻译,但却是广告翻译中经常出现的情况。当广告口号的原文短小精悍,一时无法译出同样惟妙惟肖的对应译文时,可以将原文广告词原封不动地采纳,或者将该广

告口号以原外文的形式保留下来。这样的处理方式有时会更加引人入胜,甚至出奇制胜。例如:

Just do it!

上述这则耐克广告曾经有人尝试将该广告译为“做就是了”或“只管去做”,但是都不能表达出原文的神韵,因此耐克公司在中国市场上仍然保留了该广告的英文原文。实践证明,这一处理策略是明智的。

# 第七章　英语科技文本翻译研究

当今社会,科技成为了第一生产力,对促进社会进步发挥着重要的影响作用。而英语作为国际首要通用语言,在国际交流与合作方面的地位十分显著。将二者结合的科技英语更成为了影响社会和经济发展的重要因素。英语科技文本的翻译是进行国际沟通与交流的重要桥梁,本章就对此展开研究。

## 第一节　英语科技文本语言分析

英语科技文本在语言上带有自身的特点,下面从其词汇特征、句法特征、修辞特征、语篇特征几个方面对此进行分析,从而为下文的翻译打下基础。

### 一、英语科技文本的词汇特征

英语科技文本的词汇是表现其整体文本特点的重要因素,与其他文本相比,英语科技文本词汇带有以下特点。

#### (一)多用缩略词

科技英语要求文本具有简洁性以及准确性,因此在英语科技文本中经常使用一些缩略语来使文章达到言简意赅的效果。科技英语中的缩略词主要有首字母缩略词、拼缀词和截短词。下面就对英语科技文本中的缩略词进行分析。

### 1. 首字母拼音词

首字母拼音词指利用每一个词的首字母构成新词，且这个新词可以按照其首字母的组成来读。例如：

laser—light amplification by stimulated emission of radiation 激光

radar—radio detecting and ranging 雷达

sonar—sound navigation and ranging 声纳

AIDS—acquired immune deficiency syndrome 获得性免疫缺陷综合征

NASA—National Aeronautics and Space Administration 美国宇航局

SALT—strategic arms limitation 限制战略武器会谈

### 2. 溶合词

溶合词指的是将两个单词的某一部分或全部取出构成一个新的单词。例如：

smog—smoke＋fog 烟雾

masstige—mass＋prestige 大众精品

minicomputer—miniature＋computer 小型计算机

telex—teleprinter＋exchange 电传

transistor—transfer＋resistor 晶体管

contrail—condensation＋trail 凝结尾流

medicare—medical＋care 医疗保健

comsat—communication＋satellite 通讯卫星

### 3. 截短词

截短词指的是对一些复杂词进行截取，进而形成一种写法相对简单的词，截短词更加易于记忆，并且能够提高阅读效率。例如：

telecom—telecommunication 电信

Wiki—Wikipedia 百科词典网站

flu—influenza 流行性感冒

auto—automobile 汽车

phone—telephone 电话

lab—laboratory 实验室

## (二)多用技术词

科技英语词汇具有专业性的特点,因此其词汇中常使用一些技术词,但是这些技术词的专业性并不一致,有的专业内涵较强,而有的基本没有技术内涵。根据其专业内涵的强弱可将这些技术词分为三类:技术词、准技术词和半技术词(李鲁、李霄翔,2000)。

(1)专业技术词指的是那些使用范围比较小,词义比较单一的词汇,这些词汇只在特定的领域内使用,且只有在一些权威又前沿的科技词典中才能找到。例如:

biochip 生物芯片

cyborg 受控机体

ophthalmology 眼科学

haptics 触觉学

(2)次技术词的专业性较专业技术词要弱,其词义单一,但是可以用于多种专业,且在日常生活中也经常使用。例如:

equilibrium 平衡

symmetry 对称

velocity 速度

(3)半技术词属于日常英语词,但是其词义是在普通词意义上的引申。例如:

| | 普通词义 | 科技词义 |
|---|---|---|
| reading | 阅读;读物 | 读数 |
| civil | 民事/民用的 | 土木 |
| base | 基础;底部 | 碱;固色剂;垫板;基地 |

### (三)多用外来词

和普通英语相比,科技英语的国际性特点更加明显。追溯词汇的起源可以发现,科技英语中包含有很多外来词,如来自希腊语、拉丁语的词汇,这些词由希腊语或者拉丁语进入英语中。例如:

磁铁的

| | |
|---|---|
| 英语(来源于希腊语) | magnetic |
| 法语 | magnetique |
| 德语 | magnetisch |

诱导、感应

| | |
|---|---|
| 英语(来源于拉丁语) | induction |
| 法语 | induction |
| 德语 | induction |

除此之外,随着科技英语的发展,大量新词出现,在这些新词中有很大一部分直接或间接来源于拉丁语或希腊语。从某种程度上说,拉丁语和希腊词素成为了现代科技英语的词汇源泉。例如:

pluviometer(雨量计)= pluvi(雨——拉丁词)+-o-+meter(计——希腊词)

colorimetry(比色试验)=color(色——拉丁词)+-i-+metry(测定法——希腊词)

### (四)多用新造词

随着科学技术的不断发展,关于科技英语方面的期刊和论文不断发表,很多科技方面的著作不断问世,这些在一定程度上都促使英语新造词的产生。这些新造词涉及领域广泛,且数量也在不断增多。例如:

phish 网络钓鱼

cyberspace 网络空间

webmaster 网站维护者
cyberian/cybernaut 网络用户
cyberphobia 电脑恐惧症
executive recruiters 猎头公司
investor in people 以人为本的单位
salary package 工资＋福利薪酬

## (五)多用类比词

类比词在科技英语中的使用也很广泛,类比词就是用一些具有相同特征的事物的词汇来命名一些比较抽象或复杂的事物。例如:

spike dog 道钉
bridge crane 桥式吊车
stop dog 止动器
overhead crane 行车
adjustable dog 可调行程限制器
loading/charging crane 装料吊车
column/pillar crane 塔式起重机

## (六)多用复杂词

英语中的复杂词(complex words)指由词缀构成的派生词。

(1)前缀法(prefixation)是利用某个前缀和词根结合构成新词。例如:

hyper-fine structure 超精细结构
hyper-focal distance 超焦距
hyper-kinesia 肌肉运动过度;痉挛
hyper-add 胃酸过多的;酸过多的

(2)后缀法(suffixation)则是利用某个后缀和词根结合构成新词。例如:

tuberculosis 结核病

nephrosis 肾病
psychosis 精神病
filariasis 丝虫病
silicosis 矽肺病

### (七)多用科技符号

科技符号是科技英语中特有的一种语言表达形式,这些科技符号是国际通用的。对这些科技符号的了解对科技英语的写作与翻译具有重要影响。例如:

| 符号 | 示例 | 读法 |
|---|---|---|
| · | 3.14159 | three point one four one five nine |
| + | $u+v$ | $u$ plus $v$ |
| / | 50km/h | fifty kilometers per hour |
| ∝ | stress ∝ strain | stress is proportional to strain |

(资料来源:段平,1998)

## 二、英语科技文本的句法特征

句法是连词成句的重要规则,在英语科技文本中,其句法带有自身的特征。

### (一)多用一般陈述句

科技英语多用于陈述自然现象的演变及其规律,并为之下定义,解释公式等,通常用一般陈述句。① 例如:

Weaken in the metal caused it to fracture under tension.

这种金属的强度差使得它在张力下断裂。

Force applied equals mass times acceleration. ($F=ma$)

---

① 单宇,严安,熊卉. 科技英语学习策略与研究[M]. 长沙:湖南人民出版社,2009:6.

所作用的力等于质量乘以加速度。

(二)多用被动语态

被动语态的使用可以起到强调行为者的作用,同时其也可以有效地隐藏动作的执行者。除此之外,其还可以使语言表达更加客观准确,避免语义模糊。被动语态的以上使用特点都在一定程度上满足了科技英语的要求,因此在科技英语语言中被动语态备受青睐。例如:

If a voltage is applied across a circuit, an electric current will be found to flow in the circuit.

如果把电压加在电路的两端,就会发现电流在电路中流动。

Loss of efficiency in the boiler will be caused by the dissipation of heat through the walls of the combustion chamber.

热量通过燃烧室的壁散失掉,将引起锅炉效率降低。

Many advances in computer technology took place in the twenties after 1950. They are generally. classified into four stages or generations.

在 1950 年之后的 20 年内,电脑技术获得了长足进展,一般被划分为四个阶段或四代。

We use the Bessemer Process for a furnace called a "converter". We make the outside of the converter with steel plates. We line the inside with bricks. We tip the converter on to its side and pour the charge of molten iron into the top. Then we put the converter upright again. We blow a blast of air through holes in the base of the converter.

有一种高炉称为"转炉",采用酸性转炉法。转炉的外壳有钢板制成。内部用耐火砖衬砌。把转炉转向一侧倾转后,从炉顶上把铁水倒入炉中。再把炉子转回直立位置。从炉子底部的孔中把空气吹入炉中。

## (三)多用简单表达

科技英语文本的叙述和讲解一般较为复杂,因此在措辞上尽量使用一些简单表达以降低其理解难度。在科技英语中的从句一般都由相应的词组来代替。例如:

You can rectify this fault if you insert a wedge.

→Rectification of this fault is achieved by insertion of a wedge.

该句将条件状语从句进行了简化。

The moving parts of a machine are often oiled so that friction may be greatly reduced.

→The moving parts of a machine ale often oiled for great reduction of friction.

该句将目的或结果状语从句进行了简化。

Energy can neither be created nor destroyed, although its form can be changed.

→Energy can neither be created nor destroyed in spite of file changeability of the form of energy.

该句中将让步状语从句进行了简化。

## (四)多用复杂长句

由于科技英语中常使用一些修饰语,这些修饰语的使用使得科技英语中含有大量的复杂长句。例如:

Because of the terrestrial gravitation, all bodies not very far from the surface of the earth has tendency to fall towards the center of the earth.

由于地球的引力,所有离地面不远的物体都有落向地心的趋势。

There has been, and still is, a division between the pragmatists who feel that STEP must be ready quickly to replace IGES, and those who feel that STEP should build a foundation capable of enhancement and survival into the 21th century, with IGES being made to work in its restricted domain until STEP is ready. ①

实用主义者认为STEP标准必须尽快出台，以取代IGES规范；反对者认为STEP标准应该提升，使其跨入21世纪。在STEP标准出台之前，让IGES规范在有限的范围内施行。前者与后者之间存在着一道鸿沟。

As the lights dim in parts of the nation because of an energy shortage. the model for supplying clean and abundant electricity in the 21st century can be found at a Portland sewage plant where methane collected from decomposing waste provides hydrogen to power a commercial fuel cell that transforms the volatile gas into enough electricity to light more than 100 homes for a year.

最近由于能源短缺，美国部分地区电力供应不足。与此同时，在波特兰的一座污水工厂里却找到一种新的发电方式，能在21世纪提供丰富且清洁的电能。此方式将污水分解后所产生的甲烷收集起来，产生氢气，充入商用燃料蓄电池。这种蓄电池能够把这种不稳定的气体转化为电能，足以提供100个家庭一年的照明所需。

### (五)多用虚拟语气

科技文本多关注科学研究项目等，这些研究常以一些假设或者理论为出发点，因此科技英语中虚拟语气使用较多。例如：

If all the ice in the world melted, the level of the sea would rise about 250 ft.

如果地球上的冰都融化，海平面将升高大约250英尺。

If there were no frictional losses in a machine, the machine would be 100 percent efficient.

---

① 王卫平，潘丽蓉．英语科技文献的语言特点与翻译[M]．上海：上海交通大学出版社，2009：153.

机器如果没有摩擦损失，其效率就是100％。

If there were no oxygen in air，fuels would not be able to burn.

空气中如果没有氧气，燃料就不可能燃烧。

## 三、英语科技文本的修辞特征

科技英语文体清晰、准确、语言严密，很少带有个人的感情色彩和。尽管如此，科技英语中也会使用到一些修辞手段，如明喻、提喻等，修辞手段的使用可以使科技英语的叙述更加形象化，降低事理的理解难度。除此之外，修辞的使用也反映了科技英语文体的语言严谨但不失活泼的特点。

（1）明喻。明喻在科技英语中多用于表示一些工具的名称等。利用明喻修辞可以使读者更快地理解这些词的意义。例如：

H-beam 工字梁

J-scope J 形显示器

U-bend U 形弯头

H-post 工字杆

daw magnet 爪形磁铁

splice bar 鱼尾板

twist drill 麻花钻

heart carrier 鸡心夹头

除此之外，科技英语中也使用 like，unlike，as，seem，as if 等来构成明喻修辞。例如：

When the propeller turns，it pushed the ship forward just as a wood screw goes forward into a piece of wood when it is turned.

（2）提喻。科技英语中的提喻主要指的是词汇的替代。科技英语中的名词使用居多，使用提喻可以减少因 it，them，one 等使用带来的误解。例如：

scientists now want to build a larger and more modern robot that will be called Jason. The Jason device might some day study the ocean floor, and find submarines and investigate enemy equipment.

该例句中用 a larger and more modern robot 来代替上文中的 The Jason device。

## 四、英语科技文本的语篇特征

科技文体的语篇文风质朴，描述准确，不像文学作品那么富有艺术色彩。科技文献的语言表现出逻辑的连贯性和内容的统一性，充分体现了其语言的、朴实、简洁、事理明了等特征。例如：

The burning of coal is very wasteful of energy. This can be realized when we remember that one pound of coal burned in a furnace of a power station will raise enough steam to drive a generator that will produce enough current to light one-bar electric fire for 3 hours. On the other hand, if all the energy in the atoms of a pound of coal could be released, there should be enough energy to drive all the machinery in all the factories in Britain for a month.

In simple words, all this means that one pound of any element or compound of elements, if completely converted into energy by breaking up the atoms, would release the same amount of heat as the burning of 1,500,000 tons of coal. Scientists have calculated that if a bucket of sand from the beach could be completely converted into energy and if the energy so obtained was used to drive electric generators, enough current would be produced to supply the whole of Europe for 5 years. In other words, a bucket of sand contains enough energy to generate a thousand million pounds'worth of electricity.

(Thornley G. G. : *Further Scientific English Practice*)

燃煤是一种能源浪费。我们知道，一个电站的燃炉中燃烧 1 磅煤产生的蒸汽，可驱动 1 台发电机可供一支电炉丝工作 3 小时的电流。另一方面，1 磅煤的原子中全部能量释放出来，可产生足以使英国所有工厂的所有机器工作 1 个月的能量。简而言之，所有这些均意味着，如果 1 磅任何元素或元素的化合物的原子分裂且完全转化为能量，将释放出相当于 1 500 000 吨煤燃烧所释放的能量。据科学家计算，如果海滩上的一桶沙子能够完全转化为能量，并且获得这种能量用于发电，产生的电能足以供应整个欧洲使用 5 年。换句话说，一桶沙子含有价值 1 亿英镑的电能(冯志杰，2006)。

## 第二节　英语科技文本的翻译

英语科技文本的翻译是进行科技、社会沟通的重要桥梁与媒介，翻译的质量高低直接决定着交际的顺利程度。下面对英语科技文本的翻译原则与翻译方法进行介绍。

在进行科技专业英语翻译的过程中，译者除了要了解科技文体的语言特征与翻译原则之外，还需要灵活选取翻译方法，从而增加语言表达的准确性，提高译文的质量。

### 一、科技词汇的翻译技巧

对于科技词汇的翻译是整体翻译的基础部分，同时也需要引起译者的格外重视。大体上说，科技词汇的翻译可以从以下几个方面着手。

#### (一)科技术语的翻译技巧

科技文本中经常出现科技术语，对这些术语的准确翻译能够体现出译文的质量，是进行译文水平恒定的重要标杆。科技术语通常可采用直译、音译、形译等方法。直译是最常见的一种方法；音译多用于计量单位的翻译；形译多涉及事物本身的外形特征或象形特征。

(1)直译。直译是指翻译时既忠实于原文内容,又考虑到原文形式,多用来翻译词语或词组。例如:

biochips 生物芯片

break-even analysis 损益平衡分析

e-commerce 电子商务

e-currency 电子货币

genetic engineering 基因工程

ground-to-air missile 地空导弹

third-generation mobile 第三代移动电话

ultra short wave 超短波

wide area network 广域网

(2)音译。音译是无法应用到句子层面上的翻译技巧,而对于一些外来的人名、地名则需要音译。例如,Cadillac—卡迪拉克,London—伦敦。另外,科技新产品、新设备,商标名称,新药名等也可音译。例如:

aspirin 阿司匹林

clone 克隆

Kelly 凯氏方钻杆

Motorola 摩托罗拉

(3)形译。例如:

G-line G 线

J-particle J-粒子

O-ring O 形环

Q-meter Q 表

S-turning S 形弯道

T-square 工字尺

U-steel U 形钢

### (二)科技词汇的变通翻译

在科技专业英语翻译过程中,需要译者进行灵活变通从而保证译文的质量。常见的科技词汇翻译变通手段包含以下几种：转换法、省译法、增补法等。

(1)转换法。翻译词汇时，各种词类，如名词、动词、形容词、介词、副词等都可以在语义对等的前提下转换词性，从而改变句子的结构，使句子更加顺畅、自然。例如：

The theory greatly facilitated the interpretation and prediction of properties of organic comopunds.

这一理论，在很大程度上有助于解释和预测有机化合物的性质。

(2)增补法。增补法就是补充语义或修辞的需要的词，使原文的省略成分和隐含意义在译文中表达出来，方便读者的理解。例如：

The temperature needed for this processing is lower than that needed to melt the metal.

这种加工方法所需的温度低于熔化该金属的温度。

(3)省略法。翻译时还可以省略原文中不必要的冠词、代词、介词、连词、动词等的翻译。例如：

The expenditure of energy of one kind in any process involves the production of an equivalent amount of energy of other kinds.

任何过程中，一种形式的能量耗损都会产生其他形式的相等的能量。

### (三)科技公式的翻译技巧

科技专业英语中经常会出现公式，因此译者了解这些公式的翻译方法能够提高译文质量。例如：

1＋1 one plus one

2－1 two minus one

2－2 multiply two and/by two

4/2 divide four by two

x≤5 x is less than or equal to five

$x \geqslant 5$ xis greater than or equal to five

$A^2$ A squared

$A^3$ Acubed

$A^n$ A to the $n^{th}$ power

## 二、科技句子的翻译技巧

在进行英语科技文本句子翻译的时候，应该根据其句法特点，进行科学翻译。

### （一）被动语态句的翻译技巧

科技文体中经常使用被动句进行表达，在翻译时，译者可以根据具体语境与语言表达需求，选用以下几种方法。

(1)译成主动句。由于英汉语言表达的差异性，对于科技文章中的被动句，译者可以将其处理为汉语的主动表达形式。

①英语主语译成汉语主语。例如：

The pressure that makes electrons flow along wires is called "voltage".

使电子沿着导线流动的压力称为"电压"。

While a current is flowing through a wire, the latter is being heated.

电流流过导线时，导线就发热。

The problems must be tackled before a chain reaction starts.

这些问题必须在连锁反应开始之前得以解决。

The experiment will be finished in a week.

这项实验将在一周后完成。

There are may naval vessels that are equipped with new navigation systems.

许多舰艇装备着新式导航系统。

②英语主语译成汉语宾语。例如：

Tremendous research work is required to bring about such fantastic speeds.

要达到如此神奇的速度，需要进行大量的研究工作。

The problem was then attacked by Torricelli.

后来托里拆利着手解决这个问题。

③增加代词，或用地点状语作主语。例如：

Magnetism has been known for over 2,000 years.

人们对磁性的认知已有两千多年了。

Electric power is used in factories to drive machinery.

工厂利用电力驱动机械。

(2)译成被动句。将英语被动句译成汉语被动句时，除了可用“被……”的表达方式外，还可用“由……”、“受……”、“遭……”、“为……所……”等。例如：

How long will it be before black and white sets are found only in the museum?

还要经过多久，黑白电视才会被送进博物馆呢？

Transformer cores are built from laminated silicon steel.

变压器铁芯由硅钢片制成。

The screen is coated with chemicals that give off light when struck by the beam.

屏幕上涂有化学药品，在遭到电子束撞击时即可发光。

It took 200 years for this idea to become accepted by most scientists.

这一设想过了200年后才为大多数科学家所接受。[①]

(3)译成汉语的无主句。科技汉语中常常使用动宾结构的无主句。科技英语中的被动句常常暗示一种普遍的情况或客观真理，与作为动作执行者的人没有太大关系，或者适用于任何人，或

① 王卫平，潘丽蓉．英语科技文献的语言特点与翻译[M]．上海：上海交通大学出版社，2009：79.

者无论谁来都会产生相同的结果。例如：

The unpleasant noise must be put an end to.

必须立即终止这种讨厌的噪音。

In the watch-making industry, the tradition of high precision engineering must be kept.

在钟表制造业中，必须保持高精度工艺的传统。

(4)译成汉语的判断句。英语的被动句还可以译成汉语的判断句，如"……的是"、"……是……的"。例如：

Produced by electrons are the X-rays, which allow the doctor to look inside a patient's body.

电子产品的是 X 射线，它使医生能透视病人的身体。

This kind of device is much needed in the mechanical watch-making industry.

这种装置在机械表制造工业中是很需要的。

## (二)长句、复杂句的翻译技巧

在英语科技文体中，经常使用长句和复杂句，从而提高文章表达的专业性与准确性。对于长句、复杂句，译者可以采用以下几种方式进行处理。

(1)顺序。当源语长句内容的叙述层次与目的语基本一致时，就可按照原文的形式展开译文。例如：

Once the researchers understand how shark brains work, they may be able to use the electrodes to mimic stimuli, effectively feeding instructions directly into the fish's brain.

一旦科研人员弄清楚鲨鱼大脑是如何工作的，他们或许就能利用电极来模仿这些刺激，从而有效地把指令直接输入鲨鱼大脑之中。

But it is realized that supplies of some of them are limited, and it is even possible to give a reasonable estimate of their "expectation of life", the time it will take to exhaust all known sources and reserves of these materials.

可是现在人们意识到，其中有些矿物的蕴藏量是有限的，人们甚至还可以比较合理地估计出这些矿物“渴望存在多少年”，也就是说，经过若干年后，这些矿源的全部已知储量将消耗殆尽。

(2)拆离。有时，采用顺句驱动法会导致行文困难，所以就应改用拆离法，即将句子中表示评价或注释的副词、形容词、介词短语等成分从句子主干中拆开，另行处理，以更好地整合句子。例如：

Metals, possessing toughness, a property of absorbing considerable energy before fracture, bend rather than break.

金属正是因为具有韧性才能够弯曲而不至于断裂。所谓“韧性”，即在未断裂时吸收大量外来施力的属性。①

(3)分译。分译主要针对主从复合句来说的。在科技长句中，有时主句和从句关系并不密切，这就可以将从句当成单独的句子拆开进行翻译。分译是为了化长为短、化整为零，使译文连贯、完整。例如：

The law of universal gravitation states that every particle of matter in the universe attracts every other with a force which is directly proportional to the product of their masses and inversely proportional to the square of the distance between them.

根据万有引力定律，宇宙中各个质点都以一种力吸引其他质点。这种力与各质点的质量的乘积成正比，与它们之间距离的平方成反比。②

It is because of the close association in most people's minds of tools with man that special attention has always been focused upon any animal able to use an object as a tool, but it is important to realize that this ability, on its own, does not necessarily indicate any special intelligence in the creature concerned.

---

① 魏海波. 实用英语翻译[M]. 武汉：武汉理工大学出版社，2009：129.

② 顾雪梁，李同良. 应用英语翻译[M]. 杭州：浙江大学出版社，2009：119.

正是由于在大多数人头脑中工具与人类的密切关系,人类才特别关注可以把物体当工具使用的任何一种动物,但值得注意的是,这种能力就其自身而言,并不表明这种动物有什么特别的智慧。①

(4)重组。对于一些长句或复杂句,采用前面几种方法均有困难,此时就应考虑打乱原文顺序,分成多个小的语言单位,按照汉语的时间逻辑顺序重组句子。例如:

In reality, the lines of division between science are becoming blurred, and science is again approaching the "unity" that it had two centuries ago—although the accumulated knowledge is enormously greater now, and no one person can hope to comprehend more than a fraction of it.

两个世纪前,科学处于一种"大同"的状态中。而如今,虽然总体上科学所包含的知识比以前丰富得多,而且任何人在各科学领域里都不可能做到"隔行不隔山",但事实上,科学之间的界限竟也逐步模糊化,科学似乎重又趋向两个世纪前的"大同"。

## 三、常用科技词汇的译名

科技专业文本中经常出现科技词汇。这些科技专业词汇是翻译的重点与难点。为了提高译文的准确性,译者可以对这些词汇进行积累。例如:

motor power 光强度

biosatellite 载生物卫星

third power 三次幂

helipad 直升飞机升降场

springhouse 弹簧套

spike dog 道钉

launching site 发射基地

① 田传茂.大学科技英语[M].武汉:湖北科学技术出版社,2007:87.

diesel engine 柴油机
field magnet 场磁体
fire wall 耐火墙
fire brick 耐火砖
boiling point 沸点
freezing point/ice point 冰点
dog house 高频高压电源屏蔽罩
verbal translator 逐字翻译机
anti-armored-fight-vehicle-missile 反装甲导弹
power transmission relay system 送电中级体系
fallout 放射性尘埃
cat-and-mouse 航向与指挥的
ball cock 球阀
biorhythm 生理节奏
test bed 试验台
tractor shoe 拖拉机履带片
pneumatic cushion 气压式缓冲器
automatic pecker 自动穿孔机
sister metal 同类金属
getter pump 抽气泵
heel block 垫板
ghost image 叠影
plastic stockings 玻璃丝袜
downer 镇静剂
slimming tea 减肥茶
flu mask 卫生口罩
drug-fast 抗药性
plastic surgery 整形手术
de-oil slimming method 抽脂减肥术
gable roof 人字屋顶

octahedron 八面体
arch dam 拱坝
heavy repair 大修
fine copper 纯铜
difference sensitivity 听觉锐度
economy measure 节约措施
non-timber product forest 经济林
cultivated land revert to woodland 退耕还林
survival rate 造林保存率
forest coverage 森林覆盖率
forest for special use 特殊用途林
forest plantation 人工林
electric powered chain saw 电锯
gasoline powered chain saw 油锯
A-frame A 形支架
C-washer C 形垫圈
V-belt V 形夹铁
blood bank 血库
blood type 血型
hypertension 高血压
blood heat 血液正常温度
cyber-culture 电脑文化
cyber forger 网上造假者
cyber-phobia 计算机恐惧症
hyperlink 超链接
hypermedia 超媒体
hyperthermia 体温过高
hypoxic 缺氧
micro-payment 网络微型支付款
tele-presence 远程呈现

net-head 网迷

netiquette 网络礼仪

net-speak 网络语言

online community 网上社区

buy online 网上购物

service after sell online 在线售后服务

depression of rail 轨道下垂

depression of order 降阶法

depression of supports 支座沉陷

compression stress relaxation 压缩松弛

dielectric relaxation 介电松弛

cleavage division 卵裂区

cruciform division 十字形分裂

bell mouth 喇叭口

secondary mouth 次生口

ascorbic acid 抗坏血酸

atomic heat 原子热容量

lead time 研制周期

naphthenic oil 环烷油

Pictogram(picture＋telegram) 图像电讯

PFC(porous friction coat) 多孔防滑层

unbalanced load 不平衡载荷

spoiler 扰流板

译者在翻译实践过程中，除了需要对上述基本知识与技巧的熟知，还应该根据具体的语篇特征与语境特点，进行灵活翻译。英语科技专业译文应该在准确、简洁的基础上，充分体现出文章的内涵，从而使读者掌握相关科技知识。

# 第八章　英语旅游文本翻译研究

近年来，旅游业在全球范围内取得了长足的发展，不仅对世界经济的繁荣起到了巨大的推动作用，还有效促进了国际间的文化交流。在这样的时代背景下，对英语旅游文本翻译进行研究就具有十分重要的现实意义。本章首先对英语旅游文本的语言进行分析，然后探讨其相应的翻译方法。

## 第一节　英语旅游文本语言分析

旅游文本具有通俗易懂、生动活泼、短小精悍、信息量大的特点，通常用来宣传旅游景点、介绍浏览行程、提供旅游指南及其他旅游服务。旅游文本具有特定的交际功能，因此在语言使用方面也表现出自身的一些特征。本节就从词汇、句式、修辞等三个方面展开分析。

### 一、英语旅游文本的词汇特征

为更好地实现宣传效果，旅游文本在词汇使用方面表现出以下几点特征。

#### （一）使用令人愉快和积极的词汇

旅游文本在对旅游景点和服务进行描述的时候，常使用一些令人愉快且具有积极含义的词语。例如：

The Seychelles: an archipelago of gold and light. These little isles blessed by the gods have been solely for sensations and feelings of tenderness and beauty.

本例中, gold, light, blessed, tenderness 和 beauty 等词语的使用能有利于充分调动读者的情感和兴趣,从而督促读者采取行动。

## (二)使用形容词最高级形式

旅游英语文本还常使用形容词的最高级形式,以更加突出所描述事物的特征。例如:

Windsor Castle is the oldest and largest occupied castle in the world.

本例中, oldest 和 largest 均属于形容词的最高级形式,不仅能创造出一种神秘感,突出 Windsor Castle 的特性还能有效促使游客前去参观。

## (三)使用缩略词

旅游文本通常需要节省篇幅,由于缩略词构词规律较为简单,因此旅游文本中经常使用缩略词。例如:

user id=user identity

campsite=camping site

biz=business

LTB=London Tourist Board

LHR=London Heathrow Airport

B&B=bed and breakfast

## (四)使用第二人称代词

为更好地突出游客心中的自我中心地位,用于泛指的第二人称代词也常出现在旅游文本中。例如:

You'll not only find sport here, but also culture… and emotion.

这里,您不仅可以体验体育运动,还可以尝试各种文化活动,一切充满了激情。

不难看出,第二人称的使用拉近了与读者之间的距离,使读者读来倍感亲切。

### (五)使用外来词

外来词语在旅游文本中的使用可以为其他民族的旅游者带来一种强烈的异国情调的感觉。例如:

If you are lucky,you may also see the world famous Sri Sri Radha Londonsivara.

本例中,Sri Sri Radha Londonisvara 来源于印度语,是伦敦的一个寺庙名称。

### (六)使用专有名词

由于其功能的特殊性,旅游文本中不可避免会使用一些专有名词,主要包括下面几种。

(1)人名。例如:

丘处机 Qiu Chuji

郦道元 Li Daoyuan

(2)地名。例如:

长江 Changjiang River

峨眉山 Emei Mountain

(3)景点名称。例如:

乔家大院 Courtyard of Family Qiao

仙人峰自然生态区 Fairy Peak Natural Ecological Area

(4)菜名。例如:

羊肉泡馍 Pancake crumb in mutton broth

冬菇菜心 Winter mushroom with green cabbage

## 二、英语旅游文本的句式特征

旅游文本常使用简短句、疑问句、祈使句以及长句等来增强语言的说服力。此外，旅游文本还对一般现在时、一般将来时以及一般过去时等时态进行灵活运用，以实现特殊的表达效果。

### （一）使用简短句

旅游文本中通常使用简单的词语，旅游文本句法也相应地多采用简短句，以实现短促有力、朗朗上口的表达效果。例如：

Welcome to heaven on earth—a summer vacation paradise at an altitude of 1,050 meters. Engelberg entices both young and old with its attractive range of offers and activities. Who could resist the temptation of spending several unforgettable days in the heart of Central Switzerland?

欢迎来到人间天堂——海拔 1 050 米的夏季度假天堂。英格堡丰富多彩的报价和活动吸引着男女老幼，在瑞士中部心脏地带度过几个难忘日子，谁能抵得住这样的诱惑？

### （二）使用疑问句

疑问句如同对话，有利于启发读者思考，还很容易使读者产生亲切感，从而拉近与读者之间的距离。例如：

Would you like to travel through Switzerland without having to lug around heavy bags? Then why not try the Express Baggage service available to rail passengers travelling to and from 45 different destinations in Switzerland.

想在没有沉重行李拖累的情况下在瑞士各地旅行吗？试试瑞士 45 个旅行目的地为铁路乘客提供的行李快运服务吧。

### （三）使用祈使句

为提醒和敦促旅游者把握住提供的机会去旅游，旅游文本中经常使用祈使句。例如：

To make the most of Disneyland—the ultimate escapist fantasy and the blueprint for imitations worldwide—throw yourself right into it.

为充分利用迪斯尼这座闻名于世而又远离现实的最高幻想胜地和模仿乐园，让自己沉浸其中吧。

### （四）使用长句

当需要表达一些较为复杂的信息时，旅游文本常使用长句。长句通常包含若干短语与从句，易于体现信息之间的逻辑关系。例如：

There's no end to activities in this great metropolis, whether your tastes run more toward historic attractions, cultural pursuits, shopping or after-hours partying.

这座大城市的活动丰富多彩，不管您喜欢历史景点还是文化大餐，不管是购物还是下班后派对，这里都能满足您的不同兴趣。

### （五）使用丰富时态

为了增强表达效果，旅游文本往往对多种时态进行灵活运用。

#### 1. 使用一般现在时

一般现在时的使用增加了景点的现实感，有利于读者做出旅游决定。例如：

Are you too old for fairy tales? If you think so, Copenhagen is sure to change your mind.

您真的到了不想听童话的年龄吗？如果真的这么想，哥本哈根一定会改变您的想法。

#### 2. 使用一般将来时

将来时的使用有利于激发旅游者对美好过去或未来的向往。

例如：

Tomorrow I fly to Tel Aviv. A car awaits me.

After that… I have no idea.

Galilee, Jerusalem, the Mediterranean?

I will follow my star.

3. 使用一般过去时

有些景点具有悠久的历史与丰富的文化内涵。为体现景点的历史厚重感，旅游文本常使用一般过去时。例如：

Located in one of the England's most densely populated areas, Manchester expanded in the 19th century with the opening of the Manchester Ship Canal. The trade coming in from this major inland port combined with the Industrial Revolution turned Manchester into a major business hub.

曼彻斯特坐落在英格兰人口最密集的地区之一，19 世纪随着其通海运河的开通而不断扩展，来自这一主要内陆港口的贸易和工业革命的发展使曼彻斯特成为重要的商业枢纽。

## 三、英语旅游文本的修辞特征

除具有一定的词汇与句式特征之外，旅游文本中还常常使用一些修辞手法。

### (一)音韵修辞特征

1. 谐音

谐音是利用字词同音或近音的条件，用同音或近音字来代替前面的字词，从而产生辞趣效果的修辞方法。例如：

More sun and air for your son and heir.

我们这里有充足的阳光，清新的空气，对您的儿子——事业和财产的继承人——大有裨益。

本例是一则海滨浴场的旅游广告。其中，sun 和 son，air 和 heir 是两对谐音词，使文本读来朗朗上口，又极易打动父母的爱子之心，刺激其消费的欲望。

2. 头韵

头韵的使用能够实现抑扬顿挫、格调优美、易于记忆的效果，带给读者一种身临其境的感觉。例如：

Unless you are wearing a waterproof anorak, I suggest you bring a raincoat or umbrella as the forecast is not too promising. And wear stout walking shoes if you can.

本例使用了头韵修辞，为语言增加了音乐之美。

### (二)词汇修辞特征

1. 双关

某些词汇具有一词多义或一词多音的特点，双关充分利用这一特点来实现“言在此而意在彼”的语言效果。例如：

Bermuda shorts. Bermuda, a short trip to a perfect holiday.

上述 short 是一语双关，有“短裤”和“简短”双重含义。作为度假胜地，百慕大群岛就像“百慕大短裤”一样简短、轻松、时尚。双关的使用给人增添了无限的乐趣。

2. 比喻

比喻用某一具体的、浅显的、熟悉的事物或情境来说明另一种抽象的、深奥的、生疏的事物或情境，可以帮助游客产生联想以便更容易地理解和欣赏景区文化。例如：

神仙池，一个仙女沐浴、纯洁、宁静的自然天地，它充满美丽动人的神话传说和深厚的人文情结，神秘而纯洁，如一颗晶莹剔透、玲珑精致、积聚大自然神韵的璀璨明珠镶嵌在大九寨旅游环线上。

The Immortal Pond, where, according to the legend, fairies used to bathe themselves, is a peaceful natural landscape full of mystery. It is like a pure and fine pearl beset on the tourist route of Jiuzhaigou.

本例采取了比喻修辞，使池水清澈剔透的形象呼之欲出、惟妙惟肖，令人神往。

### 3. 夸张

夸张修辞采取言过其实的表述方法，有利于加强语言的气势和表达效果。例如：

（龙舟赛）演历史于古今，生传说于纷纭，珠联爱国情操、悲壮色彩，璧合神秘气氛、拼搏精神，动如摧枯拉朽、轰轰烈烈，势若排山倒海，可歌可泣。

The Boat Race, a most exciting group event, is held in memory of Qu Yuan, a patriotic statesman and poet in ancient China.

本例采取夸张的修辞手法，阐述了龙舟赛的历史渊源与文化内涵。

### 4. 拟人

拟人的使用可以刺激读者或听者的感官，拉近与他们的心理距离，以活泼生动的方式带给他们美的感受，同时也激发他们对美丽景色的联想。例如：

Last but not least, Beatenberg beckons from high above Lake Thun, a sun terrace par excellence and also the longest village in Europe.

位于图恩湖上方的比登堡正在向您招手，游客在这里的阳光露台上可以欣赏四周美丽的景致，比登堡还是欧洲最狭长的村庄。

本例中的拟人修辞增加了旅游文本的生动感、立体感，拉近与读者的距离，提升了宣传效果。

5. 引用

引用是指从文学作品或名言警句中借用一些相关的表达，以营造理想的语言氛围。例如：

正中位置是一座典型的土家吊脚楼，一架梯子搭在屋边，屋角挂着成串的玉米和辣椒，楼的左边是小桥流水，楼的后边是良田美池，一个农夫正在扶犁耕田。真是好一幅“小桥流水人家”的童话世界。

The middle of it is a typical suspended house, with a ladder standing against its wall and bunches of corns and hot peppers hanging on its corner. On the left there is a bridge with water running under it, and behind the house there is a pool and fertile farmland, where a farmer is ploughing the land. What a beautiful fairy land!

本例引用了元朝马致远的《天净沙·秋思》中的“小桥流水人家”这一名句，有效提升了原文的意境。

6. 对仗

对仗是指把结构相同、意义相关的两个句子或词组对称地排列在一起，并形成鲜明的对照。例如：

上望重重山影轻摇，下听阵阵水浪拍舟。

Above are ranges of mountains and below are waves of water.

本例采取了对仗修辞，很好地展现了汉语文化的审美思维。

### (三)结构修辞特征

1. 设问

设问采取问句的形式，但又不需要对方回答，有利于表明观点或引起思考。例如：

无数滑鼠一起畅泳，是要暗示现代人类成了科技的奴隶吗？

百搭的中国传统桃花图案,又传达了怎样的社会现象?到澳门塔石艺文馆看看就自有分晓。

Is a mass of mouses swimming merrily towards a bullseye a comment upon today's blind reliance upon technology? Can the peach blossom textile so common to Chinese clothing be used successfully as banners or saucers? Stop by the Tap Seac Gallery to find out everything.

本例使用了设问修辞,先提出问题,以此来引发读者的思考,然后再给出答案,从而将读者的注意力自然而然地吸引到景点上来。

2. 反问

反问用疑问的形式来表达肯定的语气,具有极强的说服力,有利于强加语言的气势。例如:

Was there engineering genius involved? Yes, there was. For example, when you're putting the block fight at the top, how are you going to lug a block of stone that weighs several tons 480 feet up a structure? How are you going to do it, and how are you going to do it without leaving scratches on all the rest of the structure?

其中是否显示出工程天赋?回答是肯定的。譬如,要把大块石头放到顶部,可如何将一块重量达几吨的石块拉上480英尺的顶部?这又如何才能做到?怎样才能不至于在整个塔上留下划痕?

本例除使用设问修辞之外,还使用了反问修辞,不仅吸引了读者的注意力,还大大增强了文章的感染力。

3. 反复

反复是指有意识地连续或间隔地重复使用同一个词语、短语或句子,以达到增强语气、抒发情感、增强语言节奏感的目的。

例如：

These trains run every 20 minutes during the day and every hour in the evening until midnight. In the nights from Thursday to Friday, Friday to Saturday and Saturday to Sunday, the shuttle trains run every hour all night.

白天每 20 分钟有一列火车开行，傍晚至午夜每小时均有一列火车开行。星期四至星期五、星期五至星期六以及星期六至星期日，往返列车每小时一班通宵运行。

本例借助 every 的三次重复，自然而然地引导读者产生“当地交通十分便利”的印象。

4. 排比

排比是将结构、用词、语气上相同或相似的词、词组或句子按顺序排列，能够有效烘托气氛，增强语言的气势。例如：

Look into our land and discover us.

We are strong.

We are free.

We are Alberta.

游览我们的土地，就能发现我们。

我们坚强有力。

我们无拘无束。

我们是阿尔伯达。

本例是加拿大西部阿尔伯达省的旅游广告。排比的使用烘托了气氛，增强了气势，极大地提高了文本的感染力。

## 第二节　英语旅游文本的翻译

旅游业具有鲜明的民族性、涉外性与文化性，旅游文本的翻译质量对于展示民族文化特色、弘扬民族文化传统以及树立民族良好形象都具有举足轻重的意义。本节就对旅游文本的翻译进行阐述。

## 一、旅游文本词汇的翻译

一般来说,旅游文本中的词汇可分为两类:普通词汇与专有名词。不同类别的词汇应采取不同的翻译方法。

### (一)普通词汇的翻译

在对旅游文本中的普通词汇进行翻译时,通常采取下面几种方法。

#### 1. 音译法

采取音译法可以保留本国文化的原汁原味。长此以往,这些事物的名称必将被外国游客所接受,从而实现弘扬本国文化的目的。例如:

太极 taichi

风水 feng shui

乌龙茶 Oolong tea

#### 2. 音意结合法

为使他国游客深入了解本国文化,译者可采取音意双译策略,以实现音意兼顾的双重效果。例如:

观音 Guanyin (the Buddhist Goddess of mercy)

二胡 erhu (two-stringed fiddle)

青花瓷 Qinghua Porcelain (Blue and White Porcelain)

#### 3. 类比法

类比法将原文本中译语读者不熟悉的事物替换成目标语中类似事物,既有利于民族文化的对外传播,又有助于外国游客克服文化障碍。例如：

梁山伯与祝英台 Romeo and Juliet in China

七夕节 Chinese Valentine's Day

孔子 Confucious,the Chinese Aristotle (great wisdom)

#### 4. 增译法

当词汇具有一定的历史文化内涵时，译者可增补相应的背景信息，从而使游客将名称与其含义联系起来，增加他们的游兴。例如：

龙凤饼 ceremonial pastry (sent by the bridegroom's family to that of the bride together with the betrothal gifts)

泼水节 Water Sprinkling Festival, a big festival for the Dai nationality to wish everyone happiness by sprinkling water to one another

### (二)专有名词的翻译

#### 1. 人名的翻译

在对人名进行翻译时，应根据具体情况来采取相应的方法，具体包括以下几种。

(1)单姓双名的拼写

对于单姓双名的拼写，姓的拼音首字母大写，名的两字的音译词间连写不加连字符，首字的拼音字母必须大写，次字拼音首字母小写。例如：

白居易 Bai Juyi

关汉卿 Guan Hanqing

(2)复姓单名的拼写

对于复姓单名的拼写，姓氏需连写，同时不需要加连字符。名与连写的复姓应该分开拼写，首字母也需要大写。例如：

尉迟恭 Yuchi Gong

欧阳修 Ouyang Xiu

(3)神话传说与文学作品中的人物名称

在对神话传说与文学作品中的人物名称进行翻译时，采取音译加注释的翻译策略既能体现人物名称的音韵特点，又能较好地为读者提供背景信息。例如：

伏羲氏 Fuxi (a lengendary king in ancient China)

张生 Zhang Sheng (a poor schoar in Romance of the West Chamber)

2. 地名的翻译

(1)若地名的专名为单音节词，翻译时通常先进行音译，然后将其与通名组成双音节词。双音节词应按照汉语拼音进行翻译。例如：

明县 Mingxian County

山阳县 Shangyang County

(2)对于专有名词相同的情况，则应加注省、市、自治区通名，方便进行区别。例如：

长治市 Changzhi City

长治县 Changzhi County

(3)若是以地名简称命名的，通常译出地名的全名。例如：

京沪铁路 Beijing-Shanghai Railway

晋察冀边区 Shanxi-Chahaer-Hebei Border Area

(4)若为地名的简称，那么就应在英译文中还原地名简称的全称形式，以利于外国游客深化对我国的行政区域的理解。例如：

豫园 Yu Yuan Garden

黄河 Huanghe River

普陀山 Putuo Mountain

(5)一些景点地名已经有了约定俗成的名称，译者可直接沿用。例如：

西藏 Tibet

香港 Hong Kong

厦门 Amoy

3. 景点名称的翻译

(1)直译法

一些旅游景点名称用来表示景点的功能用途、地理特色或地方特色，在翻译这些景点名称时使用直译法可让游客一目了然。例如：

藏经阁 Sutra Depository Tower

瘦西湖 Slender West Lake

(2)意译法

意译法不仅能让译文更符合译入语读者的习惯，同时还可以给游客提供更加易懂的内容。例如：

风雨洞 The Roofed Cave

滴谷洞 Content Cave

苏堤春晓 Spring Dawn at Su Causeway

雷峰夕照 Leifeng Pagoda in Evening Glow

(3)直意结合法

译者将直译与意译有机结合在一起，不仅有利于保留原文的特征，还能最大限度地体现原名的文化内涵。例如：

五老峰 Five Sages Peak

莲花寺 Lotus Temple

(4)音注结合法

这种方法是将音译法和注释法相结合使用的方法，不仅能很好地保留原文的发音形式，还能让外国游客更好地理解其蕴含的文化信息。例如：

杏坛 Xingtan Plantform (the place where Confucious gave lectures)

姻缘石 Yinyuan Rock (a marriage rock is described as fateful)

(5)音意结合法

音译能更好地使外国游客同中国人在地名上产生认同感，意译则可创造出最佳关联，因此巧妙利用音意结合法有利于获得最佳的语境效果。例如：

巢湖 Chaohu Lake

黄浦江 Huangpujiang River

重阳殿 Chongyang Palace

4. 菜名的翻译

在对旅游文本中的菜名进行翻译时，通常采取下面几种方法。

(1)直译法

有些中国菜名的意思清晰，按照字面意思翻译就能使外国人明白其基本含义，因此常采取直译法。例如：

板鸭 flat duck

盐水兔 salted rebbit

小春卷 tiny spring rolls

金钱蛋卷 golden coin egg rolls

彩虹虾片 rainbow prawns

(2)意译法

有些中国菜名具有丰富的内涵，从其字面上很难理解其真实含义，此时应采取意译的方法。例如：

发财好市 black moss cooked with oysters

金华玉树鸡 sliced chicken and ham with greens

(3)倒译法

汉语常将修饰词放在被修饰词的前面，英语的表达顺序则正好相反。因此，在对一些菜名进行翻译时可采取倒译法，以利于英语读者的理解。例如：

汤面 noodles in soup

咖喱鸡 chicken curry

白汁鱼唇 fish lips in white sauce

八宝酿鸭 duck stuffed with eight delicacies

(4)拼音加注法

将汉语拼音与英语解释有机结合在一起的翻译方法就是拼音加注法，这种翻译方法有利于体现中国菜名的味道与风格。例如：

东坡肉 Dongpo pork

北京烤鸭 Beijing roast duck

京酱肉丝 shredded pork with Beijing sauce

苏州豆腐汤 bean curd soup, Suzhou style

山东烧笋鸡 Shandong roast spring chicken

(5)转译法

一些中国菜名采取谐音的方式命名。在翻译这些具有深厚文化内涵的菜名时，译者可首先找到谐音的内容，然后采用转译法进行翻译。例如：

凤凰牛肉羹 egg and beef soup

甜芙蓉燕窝 sweet birds nest soup with egg white

## 二、旅游文本句式的翻译

### (一)直译法

如果旅游文本中的内容不涉及太多文化背景，且大多属于实质性信息，译者就可采取直译法，以便于读者获得全面、真实的信息。例如：

In the afternoon, you can explore the city by bicycle—and the fact that bikes for both adults and children can be rented for free makes this method of transportation more fun!

下午可以骑自行车游览整个城市——可免费租用适合成人及儿童的自行车，从而使这种游览方式更加有趣！

本例运用了直译法，语言通顺、表述清晰，十分便于译入语读者的理解。

### （二）减译法

汉语旅游文本在表达时常常引用名言名句或者进行气氛的渲染，这些内容译成英语会使译文啰嗦难懂。因此，译者可采取减译法，将不符合目的语思维习惯、语言习惯和表达方式的字词予以删除。例如：

这些山峰，连同山上绿竹翠柳，岸边的村民农舍，时而化入水中，时而化入天际，真是“果然佳胜在兴平”。

The hills, the green bamboo, willows and farm houses merge with their reflection in the river and lead visitors to a dreamy world.

本例删除了“果然佳胜在兴平”，实现了表达简洁、含义明确的效果。

### （三）增译法

有些旅游文本中包含着丰富的文化内涵，如名人逸事、历史事件、典故传说等。为引导译入语读者更好地理解其字面意义与深层含义，译者可添加相关知识和背景资料，即采取增译法进行翻译。例如：

路左有一巨石，石上原有苏东坡手书“云外流春”四个大字。

To his left is another rock formerly engraved with four big Chinese characters Yun Wai Liu C, hun (beyond clouds flows spring) written by Su Dongpo (1037—1101), the most versatile poet of the Northern Song Dynasty (960—1127).

为使读者更好地理解“云外流春”的含义，译者在译文中补充了 beyond clouds flows spring 等内容。

### （四）类比法

当原文中的一些文化形象太复杂或对译入语读者来说过于

陌生时，译者可采取类比法，即用目的语中的文化形象去取代源语中的文化形象。例如：

银川是宁夏回族自治区的首府，位于宁夏回族自治区的中心。从明清以来，它就是伊斯兰教在西北部的居住地和传播中心。

Honored as a smaller Mecca, Yinchuan, the capital of Ningxia Hui Autonomous Prefecture, is located in central Ningxia Province. Since the Ming and Qing dynasties, Yinchuan has been a place for Moslems to live and a center of Islamic education in the Northwest.

银川与麦加在特点、地位、作用等方面具有相似性，译者将银川比作麦加，可大大降低译入语读者的理解难度。

### (五)加注法

旅游文本常常会包含一些难以理解的字、词、句或典故、背景等，在对这些内容进行翻译时可采取加注法，即进行必要的解释，从而使外国读者也能了解其含义并产生丰富的联想。例如：

端午节那天，人们都要吃粽子。

It is a tradition for Chinese people to eat Zongzi, a rice pudding wrapped up with weed leaves, during the Dragon Boat Festival which falls on the fifth day of the fifth lunar month.

本例对端午节、粽子进行了解释，有利于外国读者了解端午节的历史文化内涵。

### (六)调整法

英汉语言常常采取不同的表述顺序与方式，其体现的思维方式、文化传统、审美情趣等也存在较大差异。因此，译者应依据具体语境对“形象”与“意象”进行适当的调整和转换。例如：

座座岛屿玲珑小巧，紧密相连，像一串珍珠缀成的项链，环绕着半岛边缘。岛上珊瑚礁红，椰树成片，沙滩如银，景色如诗如画。

Tiny islands, with hunks of coral reef, coconut palms and

fine white sand on them, are strung around the edge of the peninsula like a pearl necklace.

译文将原文中的信息和内容按照西方人的思维模式加以重组，使之符合英语的表达习惯，也使译文结构清晰、信息流畅。

## 三、旅游文本修辞的翻译

### (一)音韵修辞的翻译

#### 1. 头韵的翻译

在对头韵修辞进行翻译时并没有固定的方法，应根据具体情况进行灵活处理。例如：

Sea, sun, sand, seclusion—and Spain! You can have all these when you visit the new Hotel Caliente, Barcelona.

大海，阳光，沙滩，幽静——西班牙！

本例是一则西班牙海宾旅馆的广告，其中的 sea, sun, sand, seclusion, Spain 均押头韵/s/，既有意象美又有音韵美，为读者留下了深刻的印象。译者在此采取了意译的方法，译文通俗易懂，有利于实现其宣传功能。

#### 2. 谐音的翻译

谐音修辞有利于增强文本的表现力与感染力。翻译旅游文本中的谐音修辞时，应尽力将其修辞效果表现出来。例如：

TWOGETHER: The Ultimate All Inclusive One Price Sunkissed Holiday.

两人世界，阳光假日，一站式价格，尽享全程服务。

本例是一则为夫妻二人提供假日旅游的广告。Twogether 将 together 中的 to 变为 two，既取“两人”之意，又取 together 之音，突出了一对恩爱夫妻在共享二人世界中品味假日旅游的浪漫情怀。译文对原文中的谐音修辞有较好把握,不仅将其内涵意义充分传递出来,还使译文达到了节奏明快,朗朗上口的表现效果。

### (二)词汇修辞的翻译

#### 1. 双关的翻译

在对双关进行翻译的过程中,应结合具体的语境,灵活采取多种翻译方法。例如:

Different countries. Different languages. Different customs. One level of comfort worldwide.

国度不同。语言不同。风俗不同。舒适却全球相同。

本例是一则航空公司的广告。广告中的 customs 既有风俗习惯的含义,又有海关的意思。译者采取了直译的方法,既保留了原文的形式特点,又传递了原文的含义。

#### 2. 比喻的翻译

在对比喻修辞进行翻译时,通常采取两种方法:(1)直译方法。(2)转译方法,即将明喻转译为暗谕,或者将暗喻转译为明喻。例如:

In winter, ice crystals decorate the fountains and snow covers Basel like icing sugar.

冬季,冰晶点缀着喷泉,皑皑白雪如同糖粉一般覆盖了整个巴塞尔。

原文采取了明喻修辞,译文同样使用“如同”一词,用明喻的手法将其翻译出来,使景点形象呼之欲出、惟妙惟肖,令人神往。

#### 3. 夸张的翻译

汉语在描写时常常讲究辞藻工整与气氛渲染,英语则更加注重严谨与简洁。因此,在对旅游文本中的夸张修辞进行翻译时,译者应在保留原文实质性信息的前提下使译文符合译入语的表达习惯。例如：

塔子山公园内的九天楼鹤立鸡群，亭亭玉立，卓尔不凡；你看她层叠有致，舒张有度，俯仰自如，雍容大度，有如贵妇临轩；再看那雕梁画栋，飞檐垂瓴，花窗秀门，真似玉女笑面。

Jiutian Pavilion, located in Tazishan Park, is a splendid pavilion with decorated eaves and tiles.

本例采取夸张的修辞手法，充分展现了九天楼的特殊魅力。译者对原文内容进行了删减与调整，将原文的实质性信息有效传递出来，实现了较好的宣传效果。

4. 拟人的翻译

在翻译旅游文本中的拟人修辞时，通常采取两种方法：(1)直译方法。(2)转译方法，即在直译难以传递原文修辞效果的情况下，将拟人修辞转译为比喻修辞。例如：

长沙这座从远古走到现代的湖湘首邑，虽然历经数千年的风雨沧桑，仍不失古朴美丽的都市风采。

Now Changsha, the capital city of Hunan Province, still shows us unsophisticated beauty after thousands of years' severe tests.

本例译文在直译的同时巧妙地使用了 show 一词，不仅实现了形象、生动的表达效果，还较好地传递了拟人手法的运用。

5. 引用的翻译

许多景点都与历史上的文人墨客有关，因此其相应的旅游文本常常采取引用的修辞手法。译者应充分考虑译入语读者的文化背景，并据此来采取灵活的方法。例如：

洞庭湖“衔远山，吞长江，浩浩汤汤，横无际涯。朝晖夕阴，气象万千”。

Carrying the shadows of distant mountains in it and swallowing the Yangtze River, the vast and mighty Dongting Lake stretches afar. It is brilliant in the morning and gloomy at dusk, with its scenery abounding in changes.

本例原文引用了范仲淹的《岳阳楼记》，译者根据英语的语法逻辑特点将原文拆分为三个短语，并且只翻译主要意思，既充分考虑到了译入语读者的接受能力，又达到了层次清楚、逻辑分明的效果。

6. 对仗的翻译

在对旅游文本中的对仗修辞进行翻译时，应遵循英语的表达习惯，对部分信息进行合并或省略，以降低译入语读者的理解难度。例如：

盈盈湖水作证，巍巍蓝天作证，见证这一个个人生的爱情希冀。

The clear lakewater and the lofty blue sky can testify that everyone will have his true love.

本例对译文进行简化处理，既实现了理想的表达效果，又有利于读者的理解。

## (三)结构修辞的翻译

1. 设问的翻译

在对旅游文本中的设问修辞进行翻译时，一般采取直译法。例如：

Where can you be greeted in 11 languages on Swiss National Day? In Interlaken of course!

瑞士国庆节期间在哪里可以收到 11 种语言的问候？当然是在因特拉肯！

本例采取了设问修辞，即只问不答，答案却暗含在句子中间，给读者留下了较为深刻的印象。在翻译过程中，译者采取了直译的方法，既保留了原文的语气，又有效地传递出原文的感染力。

2. 反复的翻译

在对旅游文本中的反复修辞进行翻译时,通常采用直译的方法。在某些情况下,则需要将反复的部分省略不译或是进行变通处理。例如:

成都,天府之国之都,南方丝绸之路的起点,你有千年的文化底蕴,你有千里的肥田沃土,你有千秋名人贤士……

Chengdu, an ancient city lying on the Land of Abundance as the starting point of the South Silk Road, boasts vast fertile land and thousands of years' culture created by sages and elites…

本例原文多次使用了"千",但译文为避免句子的冗长,并没有重复 thousand,而是对其进行了省译,实现了清晰明了的表达效果。

3. 排比的翻译

在对排比修辞进行翻译时,通常可保留原文结构,同样使用排比手法将其直译出来。例如:

History and nature are not the only attractions of this surprising country. It is a unique experience to come into contact with its people, so deeply rooted in their traditional culture, to participate in religious rites in one of the many Coptic churches, to meet native populations like the Hamer, the Mursi, the Caro and the many others whose lifestyle is hard to imagine today, so far is it from our modern life.

当然,历史和文化还不是这个地方最引人注意的唯一事物,还有这里人们根深蒂固的独特的传统文化。这里科普特教会的宗教信仰,这里本地的人群,Hamer,Mursi,Caro 以及其他一些,他们的生活方式是我们所无法想象的,离现代生活太遥远了。

本例巧妙运用了由三个动词不定式构成的排比,为读者展示了景点的独特之处。译者对其进行了直译,通过气氛的烘托增强了译文的气势。

# 第九章 英语新闻文本翻译研究

英语新闻文本是一门新闻知识和英语语言相结合的文本形式。新闻报道的最终目的是为了传播信息,使广大新闻读者能够省时省力地看懂新闻。英语新闻文本的翻译是以文章为信息传播的载体,是以推动世界各国人民沟通为其应有目标的社会实践活动。由于英语新闻文本有很强的专业特色,其翻译也有一些常用的方法。因此,本章主要分析英语新闻文本的语言与翻译。

## 第一节 英语新闻文本语言分析

语言的独特性是英语新闻文本最重要、最突出的特征,下面主要从词汇、句式、篇章三个方面来分析英语新闻文本的语言特征。

### 一、英语新闻文本的词汇特征

作为一种典型的实用文本形式,英语新闻文本在词汇方面具有鲜明的特征,如使用节缩词、新闻词、新造词等,下面对此进行分析。

#### (一)常用节缩词

在新闻标题中经常会用到一些节缩词。例如:

EU warns nuke arms spread

欧盟警告核武扩散(EU=European Union 欧盟,nuke=nuclear 核武器)

英语新闻文本中常见节缩词的方式主要有如下四种。

(1)首尾截除法。例如:

influenza→flu(流行性感冒)

refrigerator→fridge(冰箱)

(2)截头留尾法。例如:

parachute→chute(降落伞)

helicopter→copter(直升机)

(3)留头截尾法。例如:

celebrity→celeb(名人)

improvisation→impro(即兴表演)

(4)截除词腰法。例如:

committee→C'tee(委员会)

commercial→coml(商业的;广告)

下面再来看一些常见的节缩词,如表 9-1 所示。

**表 9-1 英语新闻文本中常见的节缩词**

| 节缩词 | 原形式 | 译文 |
| --- | --- | --- |
| biz | business | 商业 |
| champ | champion | 冠军 |
| con | convict | 罪犯 |
| chute | parachute | 降落伞 |
| deli | delicatessen | 熟食 |
| expo | exposition | 博览会 |
| homo | homosexual | 同性恋 |
| lib | liberation | 解放 |
| pix | pictures | 电影 |
| rep | representative | 代表 |
| Russ | Russia | 俄罗斯 |

续表

| 节缩词 | 原形式 | 译文 |
|---|---|---|
| sec | secretary | 秘书 |
| TV | television | 电视机 |
| tech | technology | 技术 |
| vic | victory | 胜利 |

## (二)惯用简短词

简短词汇短小有力、形象生动,不仅可以使新闻文本简明扼要,还可以增加文章的可读性,因此在英语新闻文本中被大量使用。例如:

Bali climate talks seek 2009 deal

巴厘岛峰会寻求 2009 年(抵制全球温室效应的)谈判(不用 negotiation 而用 seek)

Quake death toll may top 2,000

地震死亡人数估计已超过两千(为求简练,标题没有表述为 Quake death number may be over 2,000)

英语新闻文本在表达“破坏”或“损坏”时,常用 hit,harm,hurt,ruin,wreck 等词来代替 damage;在表达“放弃”时,常用 drop,give up,quit,skip,yield 等词来代替 abandon。表 9-2 是一些常见的新闻简短词。

**表 9-2　英语新闻文本中常见的简短词**

| 简短词 | 原形式 | 译文 |
|---|---|---|
| ace | champion | 得胜者 |
| aid | assistance | 帮助 |
| blast | explosion | 爆炸 |
| body | committee/commission | 委员会 |
| crash | collision | 碰撞;坠毁 |
| deal | agreement/transaction | 协议/交易 |
| envoy | ambassador | 大使 |

续表

| 简短词 | 原形式 | 译文 |
|---|---|---|
| fake | counterfeit | 赝品；骗局 |
| feud | strong dispute | 严重分歧 |
| flop | failure | 失败 |
| glut | oversupply | 供过于求 |
| probe | investigation | 调查 |
| rift | separation | 隔离；分离 |
| statement | dispute that cannot be settled | 僵持；僵局 |

（三）常用外来词

英语新闻文本在报道中经常会掺用外来语，尤其当提及外国的或新近出现的事物时，为吸引读者的注意或更贴切地表达某词语的含义，会经常采用一些外来语。例如：

No matter what his personal eccentricities, the films starring this kungfu master have made a lucrative hit in Hong Kong and Taiwan, and it's now rock-'n'-rolling its way to new audience round the mainland.（kungfu [汉语]功夫）

该例中，kungfu 一词就是外来词，是汉语用语。下面再来看一些英语新闻文本中常见的外来词，如表 9-3 所示。

**表 9-3　英语新闻文本中常见的外来词**

| 单词 | 译文 | 源自语言 |
|---|---|---|
| abattoir | 屠宰场 | 法语 |
| blitz | 闪电似的动作 | 德语 |
| glasnost | 公开性；开放 | 俄语 |
| jujitsu | 柔术 | 日语 |
| karate | 空手道 | 日语 |
| laissez-faire | 自由主义 | 法语 |
| percent | 百分比 | 拉丁语 |

续表

| 单词 | 译文 | 源自语言 |
|---|---|---|
| per capita | 人均 | 拉丁语 |
| rapport | 和睦;友好 | 法语 |
| sumo | 相扑 | 日语 |
| tai chi chuan | 太极拳 | 汉语 |
| vanilla | 香草 | 西班牙语 |
| visa | 签证 | 法语 |
| Zen | 禅宗 | 日语 |

(四)惯用新闻词

在英语中,有一些普通词汇会经常出现在新闻报道中用以表达某种特殊的含义。久而久之,这些词汇在频繁地使用中便逐渐获得了与新闻相关的特殊意义,最终形成了新闻词汇。新闻词汇通常具有简短、生动、词义宽泛的特征。例如:

flay 批评;指责

head 率领;带领

pact 协议;条约

ace 得胜者;能手

clash 冲突;争议

sway 影响;支配

在体育新闻报道中,经常会用到意思较为相近的军事术语,其目的就是为了使新闻能生动易懂或者引起读者的情感联系。例如:

divorce=breakup of relationship

snowball=become larger and larger

muscle flexing=show of force

marriage=close association

honeymoon=initial co-operation

lifeline=important route

low gear＝low efficiency

courting＝seeking friendly relations

## (五)多用缩写词

缩写词就是将某个词或词组的各词的首字母加在一起合成一词,全部用大写字母拼成,代替原来的词或词组,这类词在英语新闻文本中也是屡见不鲜。表 9-4 中就是英语新闻文本中常见的缩写词。

**表 9-4　英语新闻文本中常见的缩写词**

| 缩写词 | 原形式 | 译文 |
|---|---|---|
| APEC | Asia Pacific Economic Cooperation | 亚太经合组织 |
| BBC | British Broadcasting Corporation | 英国广播公司 |
| FBI | Federal Bureau of Investigation | 联邦调查局 |
| ISO | International Standard organization | 国际标准化组织 |
| NATO | North Atlantic Treaty organization | 北大西洋公约组织 |
| NBA | National Basketball Association | 美国职业篮球联赛 |
| UN | United Nations | 联合国 |
| VOA | Voice of America | 美国之音 |
| WTO | World Trade organization | 世界贸易组织 |
| WHO | World Health organization | 世界卫生组织 |

## (六)常用新造词

随着社会的不断发展,新的表达方式、词语不断涌现。人们常常通过派生、附加、合并、拼缀及缩略等手段创造新词。这些新词语往往最先出现在新闻报道中。英语新闻文本中的新词在构成方式和表现形式上主要有以下几种情况。

### 1. 旧词衍生新意

这是指有些在英语中早已存在的词语随着社会的发展,词义得到扩展和引申。比如，bench（长凳）→责令（运动员）退场，egg（鸡蛋）→炸弹、水雷，dove（鸽）→主和派、温和派，hawk（鹰）→主战派、强硬派，hiccup（打嗝）→（股市）短暂跌价。这样的词语在英语新闻文本中十分常见，例如：

Adds tycoon Rahul Bajaj："With political uncertainty and no money for infrastructure，I don't see a revival of consumer demand in 1999."

该例中的 infrastructure 原表示"地基"、"基础"，后来衍生新意"工业、交通、教育等决定一个国家或社会经济发展的基础设施"。

2. 社会生活催生的新词

随着社会的发展，社会生活各方面不断出现新事物、新思潮，新词语和新的表达方式也随之应运而生。比如，微博（Microblog）、山寨（copycat）、炫富（flaunt wealth）、团购（group buying）等。这些新词往往首先出现在新闻报道中，达到一定程度的普遍性后就被逐渐吸收进词典里，正式成为现代语言的一部分。例如：

Philippine Presidential frontrunner Miriam Defensor Santiago says today she will stage a national crusade to save democracy against another Watergate or what she termed as "wholesale cheating" in the tabulating results of this week's election.

（*Radio Australia*，May 15，1992）

该例中的 Watergate 就是一个典型的社会生活催生的新词。Watergate 原指 1972 年美国总统大选时期美国民主党全国委员会总部大楼的名字，由于美国共和党总统连任委员会有关人员非法潜入而被捕，从而暴露了共和党政府在总统竞选中的非法活动，导致美国历史上首次的总统辞职，世界舆论界为之哗然。后来 Watergate 这个词用以泛指任何性质和形式的政治丑闻。

### 3. 旧词派生新词

这是指在一个旧词的基础上巧妙地加上表示某种意义的前缀或后缀构成某个新词。例如，由 anarcho（无政府主义的）派生出 anarcho-authoritarianism（无政府独裁主义），anarcho-liberal（无政府自由主义者），anarcho-socialist（无政府社会主义者）；由 cyber（网络的）派生出 cybercafé（网吧），cybercitizen（网民），cyberspace（网络空间；虚拟现实）。下面来看一则实例。

Anti-corruption and keeping a clear government remains a major task in the coming years, the Premier stressed.

此例中的 Anti-corruption 就是利用旧词加前缀而形成的新词。下面是英语新闻文本中常出现的一些新词。

fat farm 减肥疗养地

material progress 物质文明

contract marriage 协议试婚

haves and have-nots 富人和穷人

news blackout 新闻封锁

bachelor mother 未婚母亲；单身母亲

show biz 娱乐界；娱乐行业

## 二、英语新闻文本的句式特征

英语新闻文本在句式上也有自身的典型特征，如大量使用被动句、倒装句等，下面对其句式特征进行详细分析。

### （一）常用省略句

在英语新闻文本中，为了节省篇幅经常会使用省略句，只保留主要成分，而把句中可省略的语言成分全部略去。例如：

Three Gorges Flooded by "Farewell" Tourists

惜别之情难挡游客蜂拥至三峡（Three 前省略了冠词 the）

Dark clouds over the Web

乌云笼罩网络(over 前省略了系动词 are)

Pakistan:US Keeps Eye on Internal Unrest

美国关注巴基斯坦国内动乱局势(Eye 前省略了冠词 an)

Twelve projects in Guangxi funded by the state

广西 12 个项目纳入国家投资(funded 前省略了系动词 were)

### (二)多用被动句

被动句的特征就是能够突出重点,吸引注意力。因此,英语新闻文本中经常频繁地使用被动句,尤其是在政治新闻、军事新闻中十分常见。通常情况下,被动句主要适用于以下三种情况。

#### 1. 强调动作接受者

在英语新闻文本中,如果动作的接受者比施动者更为重要(如报道灾难、事故中的死伤人员,犯罪案件中的受害者等),记者就会更倾向于使用被动句。例如:

They had been accused by the Taliban of preaching Christianity, a serious offense under the regime's Islamic rule. They had been held since August 3.

塔利班指控他们宣传基督教,根据当局伊斯兰法律,那属严重违法。8 月 3 日以后,他们一直被关押在监狱里。

#### 2. 回避动作实施者

说话人如果想要回避动作的实施者,也可采用被动语句。例如:

In a widely broadcast footage, soldiers were seen dragging two women and a three-year-old girl out from just inside the compound gate.

从一部广为播放的新闻片中,人们看到士兵正把两名妇女和一个 3 岁的女童从领馆的院门内拽出来。

3. 联系上下文

在新闻文本中会借助被动语句来使上下文联系更加紧密。例如：

Whether we bring our enemies to justice or bring justice to our enemies,justice will be done.

"For every regime that sponsors terror,there is a price to be paid,and it will be paid," Mr. Bush said.

或者让敌人接受正义的审判，或者令敌人服从于正义，正义都必须得以伸张。

布什先生说："任何一个支持恐怖主义的政权都要付出代价，这个代价一定要偿还。"

(三)时态更灵活

英语新闻文本为了达到传播信息的目的，无论在词序、语序上，还是在时态的使用上都十分灵活。英语新闻文本中运用时态的灵活性主要体现在以下几个方面。

1. 使用动词不定式代替一般将来时

新闻文本中常常使用"will＋动词原形"或"be＋动词不定式"的结构表示将来时。最为常见的是"be＋动词不定式"，并且为了节省空间往往省略 be。例如：

Last Ten New York Hostages "To Go Free"

纽约最后十名人质"即将获释"(to go free 应为 will go free)

2. 使用一般现在时代替一般过去时

在英语新闻文本中，为了给人以真实感，达到使读者感到事件正在进行中的效果，在表达已经发生的事情时常使用一般现在时而不是过去时，这样可以增强其真实性和观赏感。例如：

Hong Kong court rejects property tycoon's challenge

香港法院拒绝房地产大亨的挑战(rejects 应为 rejected)

## (四)常用插入语

英语新闻文本中还经常用到插入语(parenthesis)。插入语在语义上具有相对的独立性,对于新闻事件可以起到补充说明,提供背景材料的作用。新闻文本中的插入语通常用破折号标明,其目的就是为了更明确地显示插入成分是游离于句子主线结构之外的,使整个句子层次分明,更容易抓住读者的注意力。例如:

Consumer confidence is up. Employment is up. The economy is clearly accelerating. Are we in for a Bill market? Or, put another way, do Wall Streeters love—or at least like—the new President? You could make the case so far, though some are wondering if checkout time is near in the honeymoon suits.

(*Fortune*, March 8, 1993)

上句中,破折号之间的 or at least like 是插入语。

新闻英语的特殊性就在于其文本要尽可能多地发布消息(尤其是写到人物身份、职业、年龄,组织机构的特征、性质,地理位置的远近、特征,以及对时间做进一步说明时),因而在众多插入语中同位语的使用最为频繁。例如:

One was Maria Antonietta Berna, 22 years old, daughter of the railroad stationmaster of Thiene, a city of 20,000 northwest of Venice.

上述例子中共有三处使用了同位语,前两个插入语用来补充说明 Berna 的年龄及身份,第三个指出了 Thiene 城的地理位置及城市大小。可见,新闻英语中经常将次要内容作为同位语部分插入到句子中,以此扩展简单句。

## (五)惯用套话与行话

套话与行话是表达某种新闻的叙事程式,使用起来十分简捷,在一定程度上可以保证新闻的工作效率。例如:

It is claimed that… 有人声称……

It has been announced that… 据称……

According to eyewitness… 据目击者称……

According to reliable sources… 据可靠人士称……

## 三、英语新闻文本的语篇特征

英语新闻文本在语篇方面的特征主要表现为：引用成语较为广泛、修辞手法使用较为频繁。下面对这两个语篇特征进行具体探讨。

### (一)引用成语较为广泛

随着时代的发展，日渐增多的成语引用成为英语新闻文本的一个显著特征。广泛运用英语成语有很多好处，不仅可以给以英语为母语的人一种亲切感，而且还能使文章词汇更具色彩和多层含义。同其他语言一样，英语成语的起源及其所代表的特殊意义，与英语国家中人们的生活习惯、历史文化背景等有密切关系。例如：

It is a Catch-22 situation.

词语 Catch-22 来自于约瑟夫·海勒(Joseph Heller)的小说《第 22 条军规》(*Catch-22*)。由于这部小说，Catch-22 后来成了自相矛盾的法规的代名词。*Newsweek* 有一篇文章中这样写道：Israel is a "Catch-22" problem for the Iranian regime(以色列问题对于伊朗政权来说如同"第 22 条军规")。这是有关伊朗、美国和以色列三国之间的外交问题的新闻，如果读者不了解这个成语的意思，可能将很难理解这则新闻内容。

### (二)频繁使用修辞手法

新闻英语经常会用一些修辞手法，以使新闻报道更加通俗易懂、生动形象、吸引人们的注意力，从而达到传播信息的目的。适当使用修辞手段能为新闻内容增添趣味，让人回味。例如：

It was the first time that Mr. Clinton, who is facing the most severe political crisis of his career, picked the Pentagon as the backdrop for a major's address.（比喻）

And then last week, in an instant, the World Trade Center in New York City became ground zero.（夸张）

Volcanic baby clears its throat.（拟人）

It's a long, long way to Siberia and a long, long wait at Moscow Airport.（双关）

## 第二节　英语新闻文本的翻译

由于英语新闻文本对客观性的要求，以及中西方文化间存在的差异，那些不太理解国家历史文化背景和用词特征的读者可能无法理会新闻中妙不可言的精彩之处。因此，在翻译新闻文本时除了要充分理解字面意思，还要善于发现其中的文化差异，巧妙运用各种翻译方法，准确传达新闻文本的意思。下面来分析英语新闻文本翻译的常用方法。

### 一、新闻文本词汇的翻译

如前所述，英语新闻文本中经常会有一些新闻新词、行业用语、外来词、新闻惯用词、俚俗词语等，对这些词汇的翻译需要采取相应的翻译方法，下面对此展开详细讨论。

#### （一）新闻新词的翻译

译者在翻译英语新闻文本中出现的新词时，要根据词形和上下文判断出词的意思，结合词典或专业参考书，运用直译、音译、音意混译等翻译方法将词的含义译出。

1. 直译

直译要在忠于原文内容的前提下,或顾及原文形式,或在形式上另有创新。例如:

community care 社区医疗

business tourism 商业旅游

tapioca milk tea 珍珠奶茶

physically challenged 行动不便者

sports bar 播放体育比赛的酒吧

2. 音译

所谓音译,即根据源语新词的读音巧妙地译为合适的译入语对应词。例如:

hacker 黑客

clone 克隆

bikini 比基尼

disco 迪斯科

pizza 比萨

3. 音意混译

音意混译是指采用音译和意译相结合的方法进行翻译。音意混译法主要是针对不能完全音译新词的情况使用。例如:

bowling 保龄球

gene bank 基因库

sauna 桑拿浴

bungee jumping 蹦极跳

(二)行业用语的翻译

英语新闻文本中经常会涉及商业、体育、军事、科技及文艺等方面的内容,这迎合了阅读趣味各异的读者,同时也增加了新闻词汇的数量。译者在翻译行业用语时切忌望文生义，要先弄清其本义，然后再根据新闻报道的上下文确定其在某一领域中的特定含义。例如：

Cities all around the Pacific are battening down the batches as El Nino threatens meteorological mayhem.

(*Asiaweek*, Feb. 26, 1999)

上例中的 battening down the batches 指暴风雨来临之前水手将舱室封闭，尤其是储存饮用水和食品的舱室，是一个航海用语，其引申义为“未雨绸缪，紧锣密鼓地做应变准备”。

It is even less certain that the Congress would back him in a showdown with Mr. Begin.

在他与比金先生的最后较量中，国会帮助他的可能性就更小了。

上例中的 showdown 意为“摊牌”，是赌博中常用的词语，在译文中转义为“(为解决争端的)最后较量”。

(三)外来语的翻译

英语中有大量的外来语，英语新闻也不例外。在翻译英语新闻文本时，对于可以在英语词典中找到释义的外来语，只需根据词义作适当处理；对于新出现的外来语，翻译时就要反复推敲、仔细品味，根据上下文语境来把握其确切含义。例如：

Mozgovi said he studied newly discovered archive material during his research for the role that showed him Lenin was paralyzed before his death. “Lenin's private life was a secret before perestroika,” he said.

(*Observer*, Nov. 18, 2001)

该例中的 perestroika 源于俄语，是俄语单词的译音。该词的原意是指发生在俄国的一场很重要的改革，但在成为英语的时髦词后其含义就被扩大了，除了用来指改革，还可指组织机构的调整。

### (四)抽象名词的翻译

英语的新闻评论中大量的抽象表达法主要在于使用抽象名词。这类名词含义概括、指称笼统、覆盖面广,经常令读者云里雾里,不知所云。因此,在翻译英语抽象名词时要尽可能服从中文的表达习惯,多用具体感性的表达,使译文迎合中国读者的阅读习惯。例如:

No year passes now without evidence of the truth of the statement that the work of government is becoming increasingly difficult.

(*Washington Post*,June 2,1999)

年年都有证据显示出政府工作越来越难这一说法的真实性。

译文表述过于抽象,而且所有内容都被塞到一个复杂的长句当中,看似符合了原文的句式结构,但不符合中文表达习惯,意思表达不够明确。建议把长句拆分为短句,可改译为:

行政管理工作已变得越来越困难了,每年都证明确实如此。

### (五)新闻惯用词的翻译

英语新闻文本中有大量所谓的“新闻惯用词”,它们有着与新闻文本相关联的特定含义。在翻译中遇到此类词语时,译者必须细细查看词典,联系上下文,选择最合适的词义进行翻译。例如:

bust＝arrest after planned operation 搜捕

a news story＝a news report 新闻报道

glut＝oversupply 供过于求

probe＝investigation 调查

nadir ＝ the lowest point of relationship between two countries 两国之间关系的最低点

## 二、新闻文本标题的翻译

标题浓缩着新闻的主要信息,承载着丰富的信息量,其翻译的成功与否决定着整个新闻翻译的好坏。通常而言，英汉两种语言的读者的阅读习惯和关注点不同，而新闻标题往往又只是为了迎合本国读者习惯和需要，因此译者要了解中英新闻标题存在的差异，才能实现中英文之间互译。中英文新闻标题的差异主要表现在标题的长短不同。

(1)相对于英语，汉字的词义更加丰富，而且占用空间较小，所以编辑可以不用担心空间，从而可以把更多的心思放在"标题多行"、字词挑选和文字对仗工整等方面，以此来吸引读者。

(2)相比之下，英文的字更长，占用的空间也较大，因此用字必须节省。为了达到这个目的，英语新闻的标题往往在语法方面做文章，能省则省。在英语新闻中，作者要通过选用简短词汇，省略不重要的冠词、介词、连词、代词，省略 be 动词等方法来写作标题。

因此，在翻译新闻标题时译者不仅需要斟词酌句，正确使用语法，而且还要考虑如何将原文的言语目的传递给读者。为此，译者在翻译时就需要一定的翻译方法，不仅要使新闻标题新颖而简短，而且还要实现新闻的传播效果。

### (一)套用诗词熟句

英汉语言在其发展的过程中都沉淀和汇聚了大量的诗词熟句，成为各自语言的浓缩精华。译者在翻译新闻标题时可以根据具体情况选用读者熟悉的诗词熟句，以便消除距离感，实现传播的目的。例如：

One Foot in the Field, the Other on the Campus

(*UCLA Daily Bruin*, August, 2006)

如果仅从语言符号所指来翻译这句话，可译为"一只脚在田野，一只脚在校园"，但原标题的深层含义并不在此，因此有必要调节话语，进行解释性翻译，故可将标题改译为"一只脚在商界，一只脚在校园"。然而，这样的翻译显然不能突出效果。为了达到吸引读者的目的，译者可以运用修辞手段再次进行调整，以有效传递并突出信息核心。可以尝试套用汉语的一句俗语将其翻译为“脚踩两只船：一只在商界，一只在校园”。其中，“脚踩两只船”在汉语中含有贬义，经过这种处理，标题就显得诙谐幽默，容易吸引眼球。

### (二)运用对称结构

在英语新闻中由两句组成的标题很常见，其内容往往会形成鲜明对照。在翻译此类标题时，译者不仅要寻求意义对等，而且要保证形式对称。例如：

Look Back to Look Ahead.

回首往昔，展望未来。

Food drops “great TV”, but almost useless

空投食物 无异作秀，杯水车薪 于事无补

老板忙教书，老师乐下海

Bosses Busy in Teaching & Teachers Pleased with Business

由于英汉语言的各种差异，很难将汉语的对联翻译成形式对称的英文，但是译者可以通过采用其他修辞来弥补，如巧用英语中的同根词、头韵等修辞手法等，如上例中的 busy 和 business，teaching 和 teachers。

### (三)酌情补全背景

由于新闻标题长度的限制，不能将诸如事件发生的背景、地点等重要信息都包含在内。因此，译者在翻译标题时要在考虑读者阅读心理的情况下，对译入语读者可能不熟悉的有关信息进行必要的变通或阐释。在汉译时也需酌情加上逻辑主语或新闻人物的国籍、消息的事发地点等。例如：

Lewis, Xie voted world's top two

路(易斯)谢(军)当选世界十佳(运动员)前两名

在标题的译文中，译者增加了一些阐释性的内容，把有关新闻人物的姓名、标题在逻辑上或语义上有所缺损的信息完整地介绍给了读者，显著提高了译文的清晰度。

### (四)巧译修辞手法

新闻标题除了讲求简洁精炼外还要求将新闻中的人物、事件鲜明突出出来，吸引读者注意，因此会使用很多修辞手法。在对标题中的修辞手法进行翻译时要尽量采用译入语中相对应的修辞手法，以保留原文标题的生动性、趣味性。例如：

Soccer Kicks off with Violence

足球开踢 拳打脚踢

该则新闻标题中的 kick off 在足球比赛中原指“开球”，但与后面的 violence 一起使用，就为读者呈现出了一幅拳打脚踢的景象，并在回味之中哑然失笑：原来比赛双方一开球就打起来了。因此，译者将该标题译为了：足球开踢，拳打脚踢。

## 三、新闻文本修辞的翻译

新闻文本虽然崇尚新闻报道的纪实性与正确性，但同时也强调灵活巧妙地借助修辞手段，以增强报道的可读性与生动性，从而更好地吸引读者，扩大新闻的传播面，增强新闻的宣传效果。委婉语、比喻、仿词等是新闻文本中最为常见的修辞手段，下面就来介绍这几种修辞的翻译方法。

### (一)委婉语的翻译

委婉语，不是直接、正面地表达某种思想、意思，而是借助转义形式换一种角度或者换一种说法来寄寓或暗示真意，以取得理想表达效果的修辞手法。委婉语的主要修辞作用在于言语表达上减少刺激性和敏感性，从而起到一种缓冲或美化的作用。

在英语新闻中，委婉语不仅包括鬼神、死亡、缺陷、隐私等人类共同的传统禁区，而且还广泛地涉及种族、职业、金钱、政治、战争等带有特定文化背景和民族烙印的敏感领域。在这些禁区和敏感领域使用委婉语，不仅可以唤起读者的共鸣，而且有助于读者了解英语国家的社会心理和文化习俗。通常而言，翻译英语新闻的委婉语可以采用直译或意译的方法。

When boys and girls are old enough, their parent will tell them the birds and the bees and where babies come from.

男孩女孩到了一定年龄的时候，父母就会教给他们关于性的基本知识，告诉他们婴儿是怎样出生的。

在这里 the birds and the bees 是委婉语，指基本的性知识。

### (二)比喻的翻译

对于英语新闻文本中比喻修辞的翻译，通常有保留喻体、替换喻体、舍形取义三种方式。

#### 1. 保留喻体

喻体形象及喻义都完全相同的英汉对应比喻可采取直译，以再现原喻体形象，保持原文比喻的表现力和感染力，尽可能做到形神皆似。冯庆华曾说，“为了保留原文修辞的特色，我们对这类修辞格尽可能采取直译。但是应该掌握好直译的分寸，切记生搬硬套。”例如：

The pen is to a write what the gun is to a fighter.

作家的笔犹如战士的枪。

译语中的本体、喻体都与原文保持一致。

#### 2. 替换喻体

喻义相同而喻体形象相异的英汉比喻，由于无法在译文中再现原喻体形象，弃之不用又太可惜，这时就可以用译入语读者所熟悉的形象来代替原喻体的形象，即改变原文的喻体形象，使得译语与源语最大限度等值。例如：

If we haven't got any money, we can not buy a TV set. It's

as plain as the nose on your face.

没有钱我们就不能买电视机，这就像秃子头上的虱子——明摆着的事。

英语中的 as plain as the nose on your face 不能直译，最好借用汉语的歇后语“秃子头上的虱子——明摆着的事”来翻译。

3. 舍形取义

中西方文化的巨大差异往往造成英汉比喻不对应而出现空缺项，即原喻体中的形象无法在译语中体现，译语中也没有喻体形象可以取而代之。对这类比喻的翻译，唯一的办法就是舍弃原喻体形象，由形象转为非形象，译出语义。例如：

Don't show the white feather to the enemy.

不要向敌人示弱。

white feather 意指“软弱、胆怯”，但是汉语中“白色羽毛”并没有这样的意思。

## (三)仿词的翻译

仿词是指为了某种特殊的需要而临时创造的、没有得到普遍使用的新词。但仿词在新闻文本中却得到广泛使用。在翻译新闻文本中仿词的修辞手段时可以采用以下翻译方法。

1. 直译

新闻文本中的仿词可以采用直译的情况包括两种。

(1)被仿造的原型对译入语读者来说已经是耳熟能详甚至是已经融入到汉语文化中，直译不会给译入语读者带来任何理解障碍。例如：

“American society no longer has any viable concept of work”: but the trouble is that the youth revolution hasn't such a concept either. All play and no work makes Jack a dumb jerk.

“美国社会再也没有什么可行的工作概念了，”可麻烦的是，年轻人的革命也没有这样一个工作概念：只玩不干，杰克也会变傻汉。

本例中出现的仿词是仿拟英语谚语“All work and no play makes Jack a dull boy.”(只干不玩，杰克变呆汉。)这一谚语自从被译成汉语后在年轻人中颇受欢迎，被作为时髦语广泛引用，因而将新闻中的仿词直译为汉语就可以被译入语读者所理解。

(2)使用仿词的英文句子的上下文来明示或者暗示被仿拟原型，因而将仿词与其上下文一起直译出来后，译文读者很容易就能够理解其中的仿词。例如：

Smile and the world smiles with you may work in London or Leeds. Smile in Cambridge and see where it gets you.

如果你笑，那么世界也会与你同笑。这话在伦敦和利兹可能不假。但如果你在剑桥笑，那你看看哪方面会让你烦恼。

此例中的仿词是根据“Laugh and the world laughs with you, weep and you weep alone.”(如果你笑，世界会与你同笑；如果你哭，那就只会独自一人哭。)仿拟出来的。直译为中文后，读者联系译文的上下文就能够领悟到原文的修辞特色。

### 2. 直译加注释

有时候，对新闻原文中的仿词完全进行直译，会使一般读者难以理解其中的仿词修辞手段，这时候可以加上注释，帮助读者体会原文中的修辞效果，理解原文的社会、政治、文化和时代背景。例如：

Lorenz devotes a brief chapter to each of his “sins” in turn, drawing on a variety of sources for his agreement that every day, in every way, things are getting worse for mankind.

洛伦兹反过来用了一章的篇幅简要地论述了人类的每一桩“罪孽”，并采用了种种资料来源来支持其论点。这个论点就是：每日每天、方方面面，人类的情况变得越来越糟了。

在此例中，every day, in every way, things are getting worse

for mankind 使用了仿词的修辞手段。值得注意的是，直译加注释的翻译方法要慎用，应以不损害新闻的简洁原则为前提，并且注释既不宜太长，也不应过于频繁地使用，否则会使译文显得十分繁琐。

3. 意译

有时候对新闻中的仿词使用直译法完全不符合译入语的语言习惯，译文读者难以理解，这时可采用意译的方法对其进行翻译。例如：

Reagan's conduct in the Governor's office did at least demonstrate that his conservative bark often carried little bite when he tackled the practical problems governing his state.

里根在州长任期的行为至少显示他在处理州里的实际问题时并不如他大叫大嚷的哪些保守的调调厉害。

本例中的 bark often carried little bite 仿拟了"His bark is worse than his bite."(心不如嘴恶。)。在翻译时只有采取舍形取义对其进行意译，才能使读者准确理解。

# 第十章　英语法律文本翻译研究

随着全球化进程的加快，国际交流日益频繁，相关法律法规在国际交往中发挥着越来越重要的作用。然而，英语法律文本的一个突出特点就是专业性强，不仅术语多、句型复杂而且内涵丰富、不易把握。因此，英语法律文本的翻译必然受到广泛关注。本章就来研究英语法律文本的翻译，首先分析英语法律文本的语言特征，在此基础上探讨英语法律文本翻译的标准和方法。

## 第一节　英语法律文本语言分析

法律英语（Legal English）主要是指英美等国家在立法和司法过程中逐渐形成的具有规约性的语言。它包括规范性法律文件用语和法律工作者在执法过程中使用的一整套规范化的法律公务用语。[①] 下面就从词汇和句法两个层面来分析英语法律文本的特点。

### 一、英语法律文本的词汇特征

英语法律文本在词汇方面特征鲜明，如经常使用法律术语、拉丁词语、法律行话、古旧词语、模糊词语等，下面对此展开详细

① 黄成洲，刘丽芸．英汉翻译技巧[M]．西安：西北工业大学出版社，2008：168.

论述。

(一)惯用法律术语

所谓术语,就是某一领域的专门用语。法律术语是用来准确表达特有的法律概念的专门用语,具有明确的、特定的法律含义,是法律英语的精髓。使用法律术语的目的就是为了保持词义在法律英语中的精确性。这类术语的数量相当可观,下面就列举一些常用的法律术语。

agent 代理人

conveyance 财产转易/转让

demur 抗辩,反对

domicile 户籍住所

jurisdiction in personal 对人管辖权

lien 留置权,抵押权

principal 本人,当事人;主犯,首犯

specific performance 强制履行令

surety 担保人

tort 侵权

variance (诉状与供词之间)不一致

will 遗嘱

(二)常见拉丁词语

拉丁词语言简意赅、表达标准、历史悠久,有助于体现法律文体的严谨和庄重,因此拉丁语在法律语言中处于权威性的地位。英语国家的居民尤其是从事法律研究的人,把拉丁文视为高深学问的基础。表 10-1 列举的是一些法律文件中常出现的拉丁语单词和短语,以及相对应的英文含义和汉语释义。

表 10-1　常见拉丁语的英语含义及汉语释意

| 拉丁语 | 英文含义 | 汉语释义 |
|---|---|---|
| amicus curiae | friend of the court | 法庭之友(法院临时顾问) |
| arguendo | for the sake of argument | 为辩论起见 |
| bona fide | good faith | 真诚的,善意的 |
| caveat emptor | let the buyer beware | 购者当心(出门不换) |
| de minimis | insignificant matters | 微量的 |
| de novo | anew | 重新 |
| et al | and others | 以及其他,等等 |
| ex parte | from one side | 片面的,偏袒一方的 |
| habeas corpus | you should have the body | 人身保护权 |
| in pari materia | upon the same subject | 有关同一事宜 |
| lex fori | the law of the forum | 地方法律 |
| mala fides | bad faith | 恶意 |
| pari passu | with equal step | 公平地,不分先后 |
| quid pro quo | something for something | 相等的补偿或报酬,对价 |
| sua sponte | of one's own will | 自愿的 |
| ultra vires | beyond the power | 越权行为 |
| versus | against | 诉,对 |

### (三)常见法律行话

“行话”(argot)是普遍适用于某一团体(如律师团体)的特定词语。与术语既能对内,又能对外有所不同的是,“行话”完全是对内的,只有法律行业内部的人员才能明白其具体含义。因此,“行话”可以说是“专业性的俚语”,即同行的语言。以下是常见的法律“行话”。

accomplice 共犯,同谋

cause of action 诉由,案由

due process of law 法律正当程序

general counsel 首席法律顾问
hung jury 意见分歧的陪审团
insider trading 秘密交易
inferior court 初级法院
last clear chance 最后明显机会
rebuttable presumption 可予驳回的推定
service of process 送达传票

### (四)常见古旧词汇

古旧词汇包括古英语词汇和中世纪英语词汇。古英语是指公元1100年前的英语,中世纪英语是公元1100年到1500年期间使用的英语。为使句子简练、严谨,更好地反映出法律文体的特点,法律英语经常会使用这些曾经常用、现在已经很少使用的词汇。表10-2列举了一些常见的古旧英语词汇及其汉语释义。

**表10-2　常用古旧英语词汇对照表**

| 古英语和中世纪英语词汇 | 汉语释义 |
|---|---|
| aforementioned | 前面提到过的,前述的 |
| belike | 大概,或许 |
| foregoing | 前面的,前述的 |
| henceforth | 从此以后,从今以后 |
| herewith | 与此一道 |
| howbeit | 尽管如此 |
| notwithstanding | 尽管 |
| pursuant to | 根据 |
| said (*adj.*) | 上述的 |
| saith | 说(第三人称单数现在时) |
| thence | 从那里;所以,因此;之后 |
| thereafter | 因此,据此 |

续表

| 古英语和中世纪英语词汇 | 汉语释义 |
| --- | --- |
| thereon | 就此 |
| to wit | 即,就是 |
| verily | 真正地,肯定地;忠实地 |
| whensoever | 无论何时 |
| wheresoever | 无论何处 |
| whilst | 直到 |

### (五)常见模糊词语

模糊语言是表达模糊语义的语言,即内涵无定指、外延不确定的语言。毫无疑问,法律语言力求避免含糊其辞或模棱两可,然而在必要的情况下法律文件又必须使用一些意义模糊、灵活的词语去准确表达法律概念或事实,以更好地发挥法律的调节功能。例如:

clear and convincing 明确并令人信服的

consequential 相应而生的;接着发生的

due care 应有的谨慎

excessive 额外的

improper 不适当的

incidental 非主要的,附带的

in connection with 关于;有关

meaningfully 具有重要意义或价值地

reasonable speed 合理的速度

satisfactory 符合要求的

somewhat 稍微,有点

unreasonable 不合理的

with all deliberate speed 以审慎/从容的速度

### (六)常见成对词和近义词

法律英语经常使用两个或三个意思相近或者相同的词构成一个短语来表达法律上本来只需要一个词就能表达的概念。这种表达方式看似“啰嗦”,其实是为了体现法律语言的严肃性和法律文体的准确性和严密性,确保整体含义的完整、准确。例如:

adjust,compromise,and settle
cease and come to an end
documents,instruments,and writings
fair and reasonable
goods,chattels,and effects
initiate,institute or commence
keep and maintain
lands,tenements,and hereditaments
make,declare,and publish
order,adjudge,and decree
possession,custody,and control
representations,understandings,and agreements
situate,lying,and being in
terms and conditions
uncontroverted and uncontradicted
vague,nonspecific,and indefinite

### (七)常见具有独特法律含义的词

在英语语言的发展过程中,词义经历了十分复杂的演变。其中有一些英语词语在演变过程中具有了法律英语词义,因而从普通英语中分离出来。也就是说,这些词语在普通英语中具有某种含义而在法律英语中则具有另一种含义。表 10-3 即是一些具有法律含义的常用词。

表 10-3　具有法律含义的常用词汇

| 常用词汇 | 法律含义(不常用含义) | 汉语释义 |
| --- | --- | --- |
| assigns | a person to whom a right or property is assigned | 受让人;受托人 |
| brief | a written statement submitted to a court | 辩护状 |
| clean hands | without dishonest motives | 清白 |
| demise | to lease | 转让,遗赠 |
| equitable | relating to equity as opposed to law | 平衡法的 |
| finding | determination | 判决,裁定 |
| garnish | to obtain satisfaction of a debt from a third party rather than from the debtor directly | 通知第三方扣押(债务人的财产) |
| hand | signature | 签字 |
| issue | living descendants | 子女 |
| majority | legal age | 法定年龄 |
| party | alitigant in a law suit;a person engaged in a transaction | 诉讼当事人 |
| remove | to transfer to another court | 移交(案件) |
| security | collateral | 抵押品,担保品 |
| tenement | estate in land | 地产 |
| utter | to put something counterfeit into circulation | 使用(伪币等) |
| virtue | authority or reason | 效能,效力 |
| waive | to relinquish | 放弃(权利、要求) |

## 二、英语法律文本的句法特征

英语法律文本的句法特征主要表现在大量使用陈述句、长句、复合句、被动句以及一些具有独特法律含义的句式等方面,下面展开具体分析。

### (一)惯用陈述句

法律文书是用来确认法律关系、贯彻法律条令、规定人们的权利和义务以及陈述案件事实的专用公文，因此不容许有丝毫的引申、推理或抒发和表达感情的特点，所以法律文件的基本句式通常是陈述句结构，没有感叹句和疑问句。例如：

All States have the duty to contribute to the balanced expansion of the world economy, taking duly into account the close interrelationship between the well-being of the developed countries and the growth and development of the developing countries, and the fact that the prosperity of the international community as a whole depends upon the prosperity of its constituent parts.

所有国家有义务对世界经济的均衡发展做出贡献，要适当考虑到发达国家的福利同发展中国家的增长和发展之间的密切关联，并考虑到整个国际社会的繁荣依赖于其组成部分的繁荣。

### (二)惯用长句

正式的法律条规和文本中由于对中心词的限定很多，对某一法律概念成立的条件限制也很多，因此法律英语常常使用长句来表达复杂的思想。这些长句的语法结构较为复杂，多为复合句及各种修饰语、并列成分、插入语等成分，可实现说理严密、层次分明的效果。例如：

Either Party may terminate the contract in case of failure on the part of the other Party to fulfill or perform any of its obligations hereunder and in the event that such failure remains unremedied sixty(60) days after the service of a written notice as described in Article X below by the non-defaulting Party to the other Party specifying the failure in question and requiring it to be remedied.

如果一方未完成或未履行其在本合同项下的任何义务，而且未按照下述第 X 条规定在另一方向其送达书面通知，指出其违约行为并要求其予以改正后六十(60)天内，其仍未予以改正，另一方则可以终止本合同。

### (三)惯用被动句

英语法律文本中用于规定行为人的权利义务以及相关法律后果时常使用被动句式。被动句对有关事项进行客观的描述和规定,将动作本身放在了突出位置,有利于体现法律英语庄严、客观、公正的文体特点。例如:

This Agreement may be terminated by either party upon three months' written notice delivered or sent by registered mail to the other, and may be terminated at any time, without such notice, upon break of any of its terms and conditions.

任何一方提前三个月用挂号信书面通知对方或任何一方在任何时候违背本协议任何一款,无需通知,本协议即告终止。

### (四)惯用具有独特法律含义的句式

英语法律文本中一些句式是自己所特有的,很少出现在其他文体中,尤其是日常英语中。具有独特法律含义的句式包括以下几种。

1. 含有 subject to 的句式

在法律英语中,subject to 常与 agreement, section, contract 等搭配出现,表示"在符合……的情况下,以……为条件,根据……规定,除……另有规定外,在不抵触……下"等。

2. 含有 otherwise 的句式

在法律英语中,otherwise 通常跟 unless 引导的让步状语从句连用。此外,它还可与 than 一起否定主语或置于 or 之后使用。

3. 含有 notwithstanding 的句式

notwithstanding 属于古旧废词之类,因此在普通英语中已经很难见到。但在法律英语中,该词仍常常被使用,与 although/

though/even if 等引导的状语从句基本相同，表示让步，后常跟名词性短语。

4. 含有 except(for)… /save… 的句式

在法律英语中，except(for)和 save 都可用作介词来表示“除……以外”，其后既可以接一个名词性短语，也可以接一个从句。例如：

Save as is provided in this section, nothing in this Ordinance shall require the disclosure by a legal advisor of any privileged information, communication, book, document or other article.

除本条另有规定外，本条例并不规定法律顾问须披露任何特许保密的数据、通讯、簿册、文件或其他物品。

5. 含有 for the purpose(s) of 的句式

在这个句式中，单数的 purpose 与复数的 purposes 都是正确的。简单来说，这个句式可以理解为“为了……目的”，但是在法律英语中，它往往具有更加丰富的含义。

6. 含有 provided that/provided… that 的句式

在法律文书中，provided that/provided… that 常用在合约条款中，该连词引导一个条件分句。当用于限定主句情况出现的条件时，可理解为“在……前提下”；当条件分句表示的是一个与主句陈述相反的情况时，则应理解为“但”、“但是”或“倘若”。例如：

You will be allowed to make telephone calls provided that no reasonable delay or hindrance is caused to the processes of investigation or the administration of justice.

在不会对调查的进行或执法构成阻碍的前提下，你可以打电话给他人。

## 第二节　英语法律文本的翻译

与其他文本翻译相比较而言，英语法律文本的翻译对译者的要求更高，其不仅需要具有英语各学科的综合知识，更需要具备一定的法律、法规意识，如此才能运用合理的翻译方法展开英语法律文本的翻译。下面就来探讨英语法律文本的翻译标准与方法。

### 一、直译法

由于英语法律文本语的语言严谨、严密，具有庄重的文体风格，其翻译不允许译者进行独自创造，故为了忠实并再现法律文本的原文，在翻译的过程中通常采用直译法。然而需注意的一点是，译者在翻译过程中不可盲目采用这一技巧，不能死译和硬译。因为英汉语言之间具有差异性，如果照搬英语原文将会使得译文生硬、晦涩，甚至出现逻辑方面的错误。因此，译者需要根据英汉语言遣词造句的特点来进行直译，从而使得译文符合译入语的表达习惯。例如：

The examination of the impact of the dumped imports on the domestic industry concerned shall include an evaluation of all relevant economic factors and indices having a bearing on the state of the industry, including actual and potential decline in sales, profits, output, market share, productivity, return on investments, or utilization of capacity: factors affecting domestic prices; the magnitude of the margin of dumping; actual and potential negative effects on cash flow, inventories, employment, wages, growth, ability to raise capital or investments.

关于倾销进口产品对国内产业影响的审查应包括对影响产

业状况的所有有关经济因素和指标的评估，包括销售、利润、产量、市场份额、生产力、投资收益或设备利用率实际和潜在的下降；影响国内价格的因素；倾销幅度大小；对现金流动、库存、就业、工资、增长、筹措资金或投资能力的实际和潜在的消极影响。

上例完全按照原文进行翻译，译文与原文在词语的词性、语序方面一致，并未进行任何信息的增减，语言通畅、意思明晰，是法律文本直译的典范。

## 二、拆译法

在英语法律文本中，由于表述内容的需要经常会出现很多结构紧凑的长句，这些长句往往从句套从句，有时还使用插入语。对于这类句子的翻译，译者可采取拆译法进行处理，前提是要保证原文意思不改变。拆译法就是将原来的英文长句进行拆分，用几个简单的汉语句子来表达一个英语句子。需明确的一点是，拆译法的运用必须符合原文逻辑，不可盲目地进行句子的切分。例如：

With respect to those territories to which this Convention is not extended at the time of signature, ratification or accession, each State concerned shall consider the possibility of taking the necessary steps in order to extend the application of this convention to such territories, subject, where necessary for constitutional reasons, to the consent of the Government of such territories.

签署、批准或参加本公约时，本公约未适用的地区，各有关国家应考虑采取必要步骤，使公约适用于这些地区。入宪法作出规定且必要时，应取得这些地区政府的同意。

上例中，短语 subject to 引导的是一个表意复杂的条件状语从句，同时插入了另外一个条件状语从句 where necessary for constitutional reasons，译者如果按照原文的语序进行翻译不仅十分困难，而且与汉语的表达习惯不符。因此，该例句的翻译需运用拆译法进行处理,用两个完整的句子来表示,句子的核心思想由第一句来表达,后面句子是对前一句的限定,从而体现了译文的严密性特点。

## 三、增减译法

所谓增减译法,即在上下文的基础上,根据句子的逻辑关系、译文语言的句法特点和表达习惯,在翻译过程中增加原文字面上没有出现但实际内容中所包含意思的词语,或减去原文中虽有但译文表达却多余的词的方法。

### (一)增补法

所谓增补法,即在原文内容的基础上增加一些必要的单词、词组等,目的是为了令译文在语义、语法以及语言形式上更加符合原文的实际含义,并且使译文从整体上看起来更加完整、清晰、严谨。这一方法从本质上而言是为了更加忠实于原文并保证译文的质量。例如:

Notwithstanding the foregoing, a Party hereby waives its preemptive right in the case of any assignment of all or part of the other Party's registered capital to an affiliate of the other Party.

尽管有上述规定,如果一方将其全部或部分注册资本转让给一象关联公司,另一方则在此放弃其优先购买权。

上例中,短语 the foregoing 的结构是"冠词+形容词",在法律文本中的含义为"上述的(规定)",译文中显然增加了"规定"一词,使译文的意思更加清晰和完整。

### (二)省略法

所谓省略法,即将原文中虽有的表达内容因其在译文中显得多余而省略不译的方法。该方法需要遵循"减词不减意"的原则。例如:

Whoever commits arson, breaches a dike, causes explosion, spreads poison or uses other dangerous means to sabotage any factory, mine, oilfield, harbor, river, water source, warehouse, house, forest, farm, thrashing grounds, pasture, key pipeline, public building or any other public or private property, thereby endangering public security but causing no serious consequences shall be sentenced to fixed-term imprisonment of not less than three years but not more than ten years.

放火、决堤、爆炸、投毒或者以其他危险方法破坏工厂、矿场、油田、港口、河流、水源、仓库、住宅、森林、农场、谷场、牧场、重要管道、公共建筑物或者其他公私财产,危害公共安全,尚未造成严重后果的,处 3 年以上 10 年以下有期徒刑。

在汉语中,"……的"结构一般用来表示"某一类或某几类的人或事物",上述例句中,译者将 whoever 译为了"……的"结构,不仅十分符合汉语的表达习惯,而且满足了法律文本的行文要求。

## 四、调整语序法

由于英汉思维和逻辑方式的不同,在翻译过程中需要根据目的语的表达方式把原文的顺序如时间先后、逻辑关系等进行调整或重新排列,从而使译文符合目的语的表达习惯,这就是调整语序法。例如:

Any clause, covenanter agreement in a contract of carriage relieving the carrier or the ship from liability for loss or damage to, or in connection with, goods arising from negligence, fault or failure in duties and obligations provided in this article or lessening such liability otherwise than provided in these rules shall be null and void and no effect.

运输契约中任何条款、约定或协议,凡解除承运人或船舶由于疏忽、过失或未履行本条款规定的责任和义务，而引起货物或关于货物的丢失或损害责任的，或在本公约外减轻这种责任的都应作废或无效。

上例中的脉络结构分为两个层次：Any clause，covenanter agreement… shall be null and void… 为主层次；relieving 和 lessening 引导的两个限定性条件为次层次。译者在翻译该句时根据汉语的句式特点对原文的信息进行重新组合，使译文的意思清楚明晰。

## 五、词性转换法

英汉语言在词类上不是一一对应的，故在翻译过程中需要对词性进行灵活转换。孙致礼（2003）曾指出，“转换词性是翻译中最为常用的一种变通手段，是突破原文词法、句法格局，化阻滞为通达的重要方法。”不过，词性转换不可违背原文的意思，不可胡乱转换。例如：

The Vendor may not，within two (2) years of the completion of this transaction，solicit，entice away or employ any person who is or has been employed by the Company.

本交易完成后两(2)年内，卖方不得招募、引诱或聘用现在是或曾经是公司雇员的任何人。

上例中动词 has been employed（被雇佣）被转化成名词（雇员）。

The confidentiality restrictions and obligations imposed by this Section shall terminate three (3) years after the expiration or termination of this Agreement.

本规定的保密限制和义务，在本协议期满或终止三(3)年后终止。

上例中的 expiration 和 termination 皆是名词，译者在翻译时将二者转译为动词“期满”和“终止”。

# 第十一章　英语医学文本翻译研究

英语医学文本隶属于科技英语的范畴，同其他实用文体一样具有自身鲜明的特点。通常而言，英语医学文本主要包括医学综述、药品说明、病例报告、学术论文等，这些文本具有语言简洁、标准，用词专业、逻辑严密等特征。随着全球医学技术的发展，不同地区的医学交流日益增多，这就对英语医学文本的翻译提出了更高的要求与标准。作为获取国际先进医学信息的重要工具之一，英语是广大医务工作人员必须重视的一门基础学科。因此，本章首先来了解英语医学文本的语言特征，然后探讨英语医学文本的翻译。

## 第一节　英语医学文本语言分析

英语医学文本是医学人员经过长期的医治经验后所积累、形成的语言文字系统。限于篇幅，下面主要针对英语医学文本的词汇特征、句法特征展开分析。

### 一、英语医学文本的词汇特征分析

英语医学文本的词汇特征主要表现在词缀丰富、一词多义、常见词汇的意义转变等方面，下面进行详细论述。

#### (一)词缀丰富

英语医学中的专业术语词汇源自十几种语言，来源十分广泛，尤其是拉丁语、希腊语，这两种语言约占医学术语的75%，是英语医学语言系统构成的基础。英语医学类术语与普通英语单词构词类型基本一致，同样是通过词缀法组成新词，如前缀、后缀、复合后缀、简单后缀等。词缀构词法是学习英语医学类词汇的重要方法。

(1)anti-是前缀，意为“反、抗、非、逆”。例如：

antidote 解毒剂

antibiotic 抗生素

(2)-free 是后缀，意为“无……的”。例如：

sugar-free 无糖

symptom-free 无症状

## (二)一词多义

英语这门语言的词汇本来就具有一词多义的典型特点，这在英语医学文本中同样也不例外。一个医学类的单词术语义项很多，且这些义项会随着使用环境的不同而表达出不同的含义。在学习医学类词汇的多义情况时，需要将该词放置在具体的语言环境中来把握其确切含义。下面通过两个例句进行说明。

The study of atherosclerosis as a function of lipid and protein synthesis has made good progress incent years.

近年来关于动脉内脂质、蛋白合成与动脉粥样硬化关系的研究已取得很大进展。

Most joints transplanted freely developed sever degenerative change and poor function.

任意移植的关节大多会发生严重的退行性变化且功能很差。

在上述两个句子中，单词 function 所表达的意义完全不同。

## (三)普通词汇转变

在医学文本中也会经常出现一些普通词汇，这些普通词汇显然不是医学的专业术语，然而在句子、段落、语篇的表达中也与常用词汇的意义明显不同。在分析这类词汇时，学习者要根据上下文的语用环境进行判断，不可机械照搬其常用词义。例如，entity 作为普通词汇的意义为“实体、存在、本质”，但在医学文本中所表达的意义是“病种”；tender 作为普通词汇的意义为“柔软的、嫩的、软弱的”，但在医学文本中所表达的意义则是“触痛感”。

## 二、英语医学文本的句法特征分析

英语医学文本的句法特征主要表现在大量运用名词化结构、被动语态、长句等，下面展开详细论述。

### （一）大量运用名词化结构

大量运用名词化结构是英语医学文本的句法特征之一。名词化结构既能传递很多信息，又可以减少句子成分，从而使表达简短明了。由于英语医学文本内容客观、行文简洁、信息量大，尤其是突出强调某一项客观存在的事实情况，因而会经常使用名词化结构。例如：

(1) The molecules of a substance are moving about all the time without stopping.

(2) The molecules of a substance are in continual motion.

上述两个例句表达的意思相同，即“构成物质的分子总是在不断地运动。”但(2)使用了名词化结构 in continual motion，不仅在简化了句子，同时对 motion 这一行为进行了强调。

### （二）使用被动语态

英语医学文本大多重视客观情况，主要是为了探讨医学方法的研究、医药的性能与特征等，重在说明或议论，因而经常采用第三人称作为叙述视角，且大量使用被动语态。例如：

The potential use of the laser in medicine is demonstrated by its increasing application in clinical ophthalmology.

激光用于医学领域的可能性可从其在临床眼科学上日益增长的应用上看出来。

另外，在英语医学文本中还可以经常看到以 it 为形式主语的被动语态。其中，it 为句子的形式主语，被动语态为谓语，后面是 that 引导的主语从句。下面来看一些常见句型。

It has been found that… 实践证明……

It should be added that… 还需指出……

It is expected that… 据预测……

It can't be denied that… 不可否认的是……

### (三)使用长句

简单句、复合句是英语中最常见的两种句子类型，而对于英语医学文本而言，最常见的则是长句、定语从句。在学习这两种句子类型时，学习者需要从词汇的构词结构、语法的组成规则入手，首先把握句子的主语、谓语，然后区分主句、从句，在此基础上了解整个句子的主体意思。此外，学习者还需要注意长句中的连接词、代词等词汇，以更加顺利地将长句分解为简单句。例如：

Of the physical signs of massive collapse, the most characteristic are those which indicate that the heart, mediastinum and diaphragm are moved toward the affected side and that the other lung is over distended.

在肺大片萎缩的许多体征中最特殊的体征是心脏、纵膈及膈肌移向患侧，以及另一侧肺的过度膨胀。

上述例句是典型的长句形式，需要进行如下分析。

(1) Of the physical signs of massive collapse 是介词短语，在句子作状语。

(2) the most characteristic are those… 是倒装句式，those 是主语，are the most characteristic 是谓语。

(3) which indicate that the heart, mediastinum and diaphragm are moved toward the affected side and that the other

lung is over distended 在句中是定语从句用来修饰 those,在这一定语从句中仍含有两个并列的宾语从句,由从属连接词 that 引导,是 indicate 一词的宾语。

总之,词汇、语法是构成句子的基础,学习者需要分析词汇含义和句子的类型结构,在把握意群的基础上全面了解句子所表达的意思。

## 第二节　英语医学文本的翻译

英语医学文本词汇与句法上有其自身的特殊性。因此,在英语医学文本时,译者应该从这些特殊性出发选择合适的翻译方法。下面首先来分析英语医学文本词汇、句法的翻译,然后阐述在翻译英语医学常见文本时应注意的问题。

### 一、英语医学文本词汇的翻译

在翻译英语医学文本的词汇时,通常可采用音译法、全称译法、综合译法等,下面进行具体了解。

#### (一)音译法

在英语医学文本中存在着一些约定俗成的度量单位,这些在目的语中很难找到与之相对应的词语,因此在翻译时需要从这些术语的发音出发,运用与之相同或者相近的目的语词语进行表达。例如:

tamoxifen 他莫昔芬

quinoione 喹诺酮

pint 品脱

gene 基因

vaseline 凡士林

aspirin 阿司匹林

### (二)全称译法

在英语医学文本中存在一些缩略词，尤其是在药品说明书中更是十分常见。缩略词的使用可以让药品说明书显得较为简洁、简短，但是很多缩略词在翻译成汉语的时候很容易产生歧义或误解。因此，在翻译药品说明书中的缩略词时要尽量写出全称。例如：

approx(approximate)大致，大约

ABPC(amipicillin)氯苄青霉素

fev(fever)发烧

mcg(microgram)微克

mg(milligram)毫克

ml(milliter)毫升

kg(kilogram)千克

### (三)综合译法

在英语医学文本中有很多晦涩难懂的大词、长词、生僻词，而这些词大都来自拉丁文和希腊文。在翻译这类词时通常采用音译、意译、音义结合、形译等综合方法进行翻译。例如：

foliacid 叶酸

ritalin 利他休

elcatonin 依降钙素

augmentin 沃可孟汀

ketoconaczole 酮康唑

antituberculosis 抗结核

需要说明的一点是，这类词的翻译必须准确、科学、简单，要尽量避免使用简称或者代号。此外，对于那些具有相同词首和词尾的药品名称，由于其所指的都是同类药物，故翻译时必须保持一致性，如-xacin 沙星：norfloxacin 诺氟沙星，ofloxacin 氧氟

沙星。

## 二、英语医学文本句法的翻译

(1)一般现在时态和现在完成时态句子的翻译。由于客观真实性是英语医学文本的显著特征之一，这决定了其内容多用一般现在时态。即便是提到过去的状况也使用现在完成时态。在翻译这类句子时可采取直接翻译的方法。例如：

Absorption following intramuscular injection is rapid, blood levels being maintained for four hours with a peak after one hour.

肌肉注射后吸收迅速，血药浓度可维持 4 个小时，并于注射后 1 小时达到高峰。

(2)被动语态的翻译。对于英语医学文本中被动语态的翻译，通常会根据译入语的语言习惯进行语态转换。例如：

Under treatment with Gonal-F the possibility of an ovarian hyperstimulation must be taken into consideration.

使用果钠芬进行治疗时必须要考虑到对卵巢刺激过度的可能性。

(3)祈使句和条件句。在英语医学文本中，有些句子的表述体现了“指示、叮嘱”等语义功能，这正是祈使句的优点，不仅简单明了，而且可以将主要信息进行重点突出。另外，英语医学文本中的药品说明书在表达剂量和用法等注意事项中需要使用大量条件句。在翻译这两种句型时，译者可以根据语序采取灵活多变的方法。例如：

Should super-infections occur, appropriate measures should be taken as indicated by the clinical situation.

万一发生重复感染，应按照临床情况采取相应的措施治疗。

Do not give Benemid to children under two years of age.

两岁以下儿童不得服用丙磺舒。

## 三、英语医学文本语篇的翻译

如前文所述，英语医学文本包括医学综述、药品说明、病例报告、学术论文等，这些文本中药品说明是与人们的日常生活最密切相关的一项。因此，这里重点针对药品说明书的翻译展开分析。所谓药品说明书，即附在一种药品包装中的一份用药说明，是指导医生与患者合理用药的重要依据。为了顺利翻译药品说明书，译者除了需要具备较好的英语基础知识外，还需要掌握相关的专业知识，如化学、药理学、医学、药剂学等，同时也要了解英语药品说明书的结构。一般而言，一份英语药品说明书包括如下几项。

(1)Drug Names(药品名称)。

(2)Description(性状)。

(3)Pharmacological Actions(药理作用)。

(4)Indications(适应症)。

(5)Contraindications(禁忌症)。

(6)Dosage and Administration(用量与用法)。

(7)Adverse Reactions(不良反应)。

(8)Precautions(注意事项)。

(9)Package(包装)。

(10)Others(其他项目)。

下面就针对上述项目探讨其翻译情况。

### (一)药品名称的翻译

对于药品说明书中药品名称的翻译，通常采用以下方式进行。

#### 1. 音译

音译法是药品名称翻译时经常采用的一种方法，虽然简便，但不能表达药品所在单词的真正含义。例如：

Ritalin 利他林

Am-cacin 阿米卡星

2. 意译

在翻译药品名称时采用意译法，即将该药品名称所表达的含义翻译成对应的汉语。例如：

cholic acid 胆酸

Tetracyline 四环素

同时，还可以按照药品的药理作用进行翻译。例如：

Natulan 疗治癌（细胞生长抑制剂）

Minidiab 灭糖尿（治疗糖尿病药物）

Uraly 消石素（治疗尿路结石药物）

3. 音意合译

有的药品名称可采取音译结合的方法进行翻译。例如：

Neo-Octin 新握克丁（neo-新）

Coumadin 香豆定（coumarin 香豆素）

Cathinone 卡西酮（-one 酮）

Medemycin 麦迪霉素（-mycin 霉素）

4. 谐音译意

音译法无法表达药品名称的含义，为了弥补这一缺憾，可采取谐音意译的方式进行翻译，即谐音汉字，如此既表音又表意。例如：

Legalon 利肝隆

Webilin 胃必灵

Antrenyl 安胃灵

Doriden 多睡丹

需说明的一点是，有些药品名称可以采取以上翻译方法，但国家明确规定的一些固定名称则不不可以采取这种方式。另外，国家为了统一药品的规范译名，通过卫生部药典委员会规定了原料药品、辅料药品等的命名原则，译者在翻译时可据此作为参考。

### （二）药品性状的翻译

药品性状(Description)通常是用来介绍这种药品的外观、构成、特征、理化性质等，Description 是最常用的标题。下面来了解该项中常用的词汇、短语及其对应的翻译。

(1)表示“组成、制备”等词汇、短语的翻译。例如：

be prepared from 由……制备

contain 含有

have(possess)有、具有

be obtained 制得

consist of 由……组成

be derived from 由……衍生

(2)表示“性质”含义的词汇或短语的翻译。例如：

odorless 无臭的

solubility 溶解度

taste 味道

color 颜色

crystalline 结晶的

structure 结构

stable 稳定的

tablets 片剂

solid 固体

solution 溶液

liquid 液体

injection 注射剂

insoluble 不溶的

powder 粉末

soluble 可溶的

sterile 无菌的

tasteless 无味的

colorless 无色的

derivative 衍生物

### (三)药品药理作用的翻译

药品药理作用指的是体外实验、临床药理、药效、药物代谢、毒性等,该项常用以下词汇作标题。

Actions 作用

Pharmacological Action 药理作用

Clinical Effect(Use) 临床效果(用途)

Pharmacology 药理学

Clinical Pharmacology 临床药理

Mechanism of Action 作用机理

Mode of Action 作用方式

Actions and Properties 作用与性质

该项目中所包括的词汇范围较广泛,如生理学、毒理学、化学、药理学、医学、微生物学等专业的词汇都有可能出现。下面来看该项目中经常出现的词汇、短语及其对应的翻译。

(1)药理作用中的常见名词或短语及其对应翻译。例如:

serum concentration 血清浓度

activity 活性

distribution 分布

ability 能力

excretion 排泄

clearance 清除率

action 作用

effect on 对……的作用

half-life 半衰期

in vitro 体外
function 功能,作用
tolerance 耐受性
mechanism 机理
infection 感染
level 水平,浓度
in vivo 体内
toxicity 毒性
(2)药理作用中的常见动词、短语及其对应翻译。例如:
exert(action on) 起……作用
demonstrate 显示
exhibit 显示
accumulate 积蓄
inhibit 抑制
administrate 投药
absorb 吸收
result in 导致
excrete 排泄
indicate 表明
produce 产生
maintain 维持
protect(from) 保护
show 显示,表明
reach 达到
treat 治疗
promote 促进
metabolize 代谢
tolerate 耐受
prevent 阻止,预防

(3)药理作用中的常见形容词、短语及其对应的翻译。例如：

average 平均的

normal 正常的

minimum 最低(小)的

maximum 最高(大)的

resistant to ……有耐药性的

(be)related to 与……有关的

(be)sensitive to 对……敏感的

(be)active(effective)against 对……有效的

### (四)药品适应症的翻译

药品"适应症"通常采用以下词汇来表示。

Indications 适应症

Major(Principal)Indications 主要适应症

Action and Use 作用与用途

Indications and Usage 适应症与用途

除了上述表达方式，偶尔也会利用疾病名称或致病菌的名称来表示。例如：

cancer 癌

virus 病毒

coli 大肠杆菌

hypertension 高血压

angina pectoris 心绞痛

diabetes(mellitus)糖尿病

gram-positive microorganisms(bacteria)革兰氏阳性菌

gram-negative microorganisms(bacteria)革兰(氏)阴性菌

下面来看药品适应症项目中经常出现的短语及其对应翻译。

for(in)the treatment(management)of…用于治疗……

be effective in(for/against)… 对……有效

be intended to… 适用于……

be useful in… 用于……

be helpful in… 用于……

be recommended for 推荐用于……

be used to(for/as)… 用于……

be administrated in… 适用于…

be active against 对……有效

be employed to… 用于……

be indicated in(for)… 适用于……

## (五)药品禁忌症的翻译

药品禁忌症常用 contraindications 或 restrictions on use 来表示，主要是为了说明某类人群或患者禁用该类药品。下面来了解药品禁忌症中经常出现的词汇、短语及其对应的翻译。

(1)孕妇、妊娠期或哺乳期、幼童等及其对应翻译。例如：

the first trimester(3 months)of pregnancy 妊娠期头三个月

in pregnancy 妊娠期

pregnant woman 孕妇

lactation 哺乳期

children under…/years of age ……岁以下儿童

(2)患有某些疾病或过敏患者及其对应翻译。例如：

allergic(hypersensitive)to… 对……过敏的

allergic(anaphylactic)reaction 过敏反应

allergy(hypersensitivity)to… 对……过敏

patients with…(who…)患有……的患者

此外，该项中常出现的一些疾病名称如下所示。

diabetes 糖尿病

severe anemia 严重贫血

cardiac failure 心力衰竭

hypertension 高血压

severe hypotension 严重高血压

liver(hepatic)damage 肝损伤

cardiac(renal)insufficiency 心(肾)功能不全

impairment of kidney(renal function) 肾功能损伤

### (六)药品用量与用法的翻译

药品用量与用法主要在于为医生与患者合理用药提供参考。该项目常用的表达方式如下所示。

Dosage 用(剂)量

How to Use 用法

Administration 用法

Direction for Use 用法

Mode of Application 用法

Method of(for)Administration 用法

Application and Dosage 用法与用(剂)量

Dosage and Administration 用(剂)量与用法

Route of Administration 给药途径(用法)

下面是该项目中经常见到的词汇、短语及其对应翻译。

(1)表示“剂量”的术语及其对应翻译。例如:

initial(beginning,starting)dose 首次量

suggested(recommended)dose 推荐剂量

minimal(minimum)dose 最小有效量

daily dose 日剂量(一日量)

multiple dose 多剂量

average dose 平均剂量

divided dose 分次剂量

single dose 一次剂量

overdose(overdose) 过量

maximum dose 最大剂量(极量)

usual(normal)dose 常用剂量

fatal(lethal)dose 致死量

indicated dose 有效剂量

therapeutic dose 治疗剂量

standard dose 标准(合适)剂量

maintenance dose 维持量

(2)常用"剂量单位"的表示方法及其翻译。例如:

g=gram 克

l=liter(litre) 升

ml=milliliter 毫升

mg=milligram 毫克

kg=kilogram 千克

mcg=microgram 微克

I. U. =international unit 国际单位

(3)"给药频率"的表示方法及其对应翻译。例如:

in two or three divided doses 分为二或三次(个剂量)

daily(per day,a day,every day) 每日

divided into…doses 分……次

once(twice)daily(a day) 每日一(二)次

every other day 每隔一日

every…hours 每隔……小时

three times a week 每周三次

three times a day(daily) 每日三次

once(twice)a week(weekly) 每周一(二)次

(4)给药对象常见词汇、短语及其对应翻译。例如:

male 男性

female 女性

adolescents 青少年

infant(s) 婴幼儿

adult(s) 成年人

baby(babies) 婴儿

newborn baby(babies) 新生儿

pregnant women 孕妇
debilitated patients 体弱患者
children(child) 儿童
patient(s) 患者,病人
elderly patient(s) 老年患者
senile patient(s)老年患者(病人)

(5)给药方式中的副词或介词及其对应翻译。例如:

by mouth(OS)/orally 口服
by enema 灌肠
locally 局部给药
intramuscularly 肌内给药
intra-arterially 动脉内给药
intraperitoneally 腹(膜)腔内给药
intrapleurally 胸(膜)腔内给药
subcutaneously 皮下给药
by the intranasal route 鼻内给药
by intravenous injection/intravenously 静脉注射
parenterally 肠道外给药
subconiunctivally 结膜下给药
submucous 黏膜下给药
by aerosol 喷雾给药
per rectum/pro recto 直肠给药
by lumbar 腰椎给药
by intramuscular(IM)injection 肌肉注射
by the intra-articatar administration 关节内给药
by the intramuscular administration(route) 肌内给药
by the intraperitoneal administration 腹(膜)腔内给药
by the intrathecal administration/intrathecally 鞘内给药
by the sublingual administration/sublingually 舌下给药
by the intravenous infusion(perfusion) 静脉输注

(6)表示不同用药方式的动词及其对应翻译。例如：

apply to 用于、涂于、敷于

spray 喷雾

take 服用

inject 注射

swallow 吞服

inhale 吸入

(7)其他短语或句型及其对应翻译。例如：

depend on 依据

according to 根据

adapt to 适合

be adjusted 调整

range from…to… 变化范围由……至……

on the basis of 在……基础上

vary from…to… 变化范围由……至……

### (七)药品不良反应的翻译

药品不良反应通常指的是患者用药后所引起的不良症状，其中包括药物的副作用、症状、耐受力、毒性作用、过敏及停药等，下面分别来了解这些内容的翻译。

(1)常见"不良反应"的英语表示法及其翻译。例如：

Adverse Reaction(s)不良反应

Unwanted(Untoward)Reaction(s)不良反应

(2)常见"副作用"的英语表示法及其翻译。例如：

by-effects 副作用

side-effect(s)副作用

side Reaction(s)副作用

unwanted(Undesirable)Effects 副作用

(3)常见药品副作用的英语表示法及其翻译。例如：

allergic(hypersensitive)reaction(s) 过敏反应

allergy(hypersensitivity) 过敏

local reaction(s) 局部反应

skin reaction(s) 皮肤反应

flush 潮红

headache 头痛

dizziness 眩晕

fever 发热

rash 皮疹

diarrhea 腹泻

vomiting 呕吐

nausea 恶心

anorexia 厌食

coma 昏迷

tiredness 疲倦

spasm 痉挛

thirst 口渴

(4)常见药品“毒性”、“耐受性”的英语表示法及其翻译。例如：

toxicity 毒性

tolerance(tolerability)耐受力，耐药性

tolerate(toleration)耐受

(5)“停药”的常见英语表示法及其翻译。例如：

suspend/abandon 停药

terminate 停止，结束

don't use 勿使用(停药)

cease(cessation)(stop) 停药(停止治疗)

withdraw(be withdrawn, withdrawal) 停药

discontinue(discontinuance, discontinuation)中断治疗

(6)该项目中其他常见词汇及短语及其翻译。例如：

acute 急性的

chronic 慢性的

common 常见的
disappear 消失
encounter 遇到,见到
mild 轻微的
irreversible 不可逆的
normal 正常的
give rise to 产生
include 包括
lead to 导致
rare(ly)罕见的(地)
reversible 可逆的
severe 严重的
manifest 表明,显示
control(be controlled) 控制
produce 产生
temporary 暂时的
react to 对……反应
transient 短暂的
result in 导致
result from 由……引起
cause(be caused by) (由……)引起
be reposed (被)报道
treat(treatment) 治疗
diminish(reduce,reduction) 减少
observe(be observed) (被)观察到
appear(develop,happen,occur) 出现(产生)
special care(caution)should be exercised 特别小心

## (八)药品注意事项的翻译

为了保证医生和患者能够合理、安全的服用药品,药品制造

商在生产药品时会在药品说明书中写上服用药品的注意事项，如用药对象、合理剂量、用法、超过合理剂量时的应急方法、副作用、药物的使用与保管等方面应注意的问题。该项中常见的英语表示法如下所示。

Precaution(s) 注意事项

Special note(caution, precaution) 特别注意

Caution(s) 注意事项

Note 注意

Warning(s) 警告

Important 重要事项

Important for the patients 患者须知

下面来了解该项中常见的检查项目及其对应翻译。

serum creatinine test 血清肌酸酐检验

creatinine clearance 肌酸酐清除率

blood picture(hemogram) 血象

clotting time 凝血时间

blood pressure 血压

kidney(renal)function 肾功能

urine routine(examination) 尿常规

blood level 血浓度

liver(hepatic)function 肝功

blood count 血细胞计数

serum concentration 血清浓度

### (九)药品包装的翻译

药品“包装”同样是药品说明书的组成部分，其英语表示方法很多，如下所示。

Package(s) 包装

Availability 包装

Presentation 包装

Supply(Supplied) 包装

Mode(Form)of Issue 包装

Pack(s)(Packing(s)) 包装

How Supplied 包装方式

Method of Supply 包装方式

Packing for Hospital 医院用包装

Hospital(Size)Packs 医院用包装

Package Quantities(Quantity)包装量

(1)常见包装单位的英语表示法及其对应翻译。例如：

blister strip 铝塑条状包装(水泡眼条包装)

blister pack(package)铝塑包装(水泡眼包装)

strip 条

bottle 瓶

vial 玻璃小瓶

tube 管

canister 罐

box 盒

ampoule(s)安瓿

pack 包

carton 纸盒

sheet 张

(2)常见药物剂型包装的英语表示法及其翻译。例如：

retard capsules(tablets)缓释胶囊(片)

film-coated tablets 薄膜片,膜衣片

sustained release tablets 恒(缓)释片

aerosol(spray,inhaler)气雾剂

sugar-coated tablets 糖衣片

scored-tablets 刻(划)痕片

powder 粉剂

derm TIS 皮肤贴膏

capsules 胶囊

emulsion 乳剂;栓剂

pill 丸剂

suppositories 栓剂

ointment 软膏

drops 滴剂

ampoule 针剂

solution 溶液剂

suspension 悬浮剂,混悬剂

liniment 搽剂

injection 注射剂,针剂

syrup 糖浆

cream 乳膏

oral solution 口服液

tablets 片剂

liquid 液剂

coated tablets 包衣片

granule 颗粒

### (十)药品贮存的翻译

“贮存”药品常用的英语表达用语是 storage,该项中常见的英语短语及其翻译如下所示。

prevent moisture 防潮

away from light 避光

protect from light(heat) 避光(热)

store(keep)in a cool and dry place 存于阴凉干燥处

away from children 勿让儿童接触

out of(the)reach of children 勿让儿童触及

# 参考文献

[1]白靖宇.文化与翻译(修订版)[M].北京:中国社会科学出版社,2010.

[2]陈福康.中国译学理论史稿[M].上海:上海外语教育出版社,2002.

[3]陈建平.法律文体翻译探索[M].杭州:浙江大学出版社,2007.

[4]陈可培,边立红.应用文体翻译教程[M].北京:对外经济贸易大学出版社,2012.

[5]陈明瑶,卢彩虹.新闻英语语体与翻译研究[M].北京:国防工业出版社,2006.

[6]单宇,严安,熊卉.科技英语学习策略与研究[M].长沙:湖南人民出版社,2009.

[7]丁大刚.旅游英语的语言特点与翻译[M].上海:上海交通大学出版社,2008.

[8]丁小丽,程华.商务英语翻译[M].北京:清华大学出版社;北京交通大学出版社,2007.

[9]段云礼.实用商务英语翻译[M].北京:对外经济贸易大学出版社,2009.

[10]法律英语证书(LEC)全国统一考试委员会.法律英语翻译教程[M].北京:中国法制出版社,2009.

[11]高华丽.中外翻译简史 [M].杭州:浙江大学出版社,2009.

[12]顾雪梁,李同良.应用英语翻译[M].杭州:浙江大学出版社,2009.

[13]郭贵龙，张宏博.广告英语文体与翻译[M].上海：华东师范大学出版社，2008.

[14]郭霞，尚秀叶.大学英语写作与修辞[M].北京：冶金工业出版社，2008.

[15]郝丽萍，李红丽，白树勤.实用英汉翻译理论与实践[M].北京：机械工业出版社，2006.

[16]何江波.英汉翻译理论与实践教程[M].长沙：湖南大学出版社，2010.

[17]贺雪娟.商务英语翻译教程[M].北京：外语教学与研究出版社，2007.

[18]黄成洲，刘丽芸.英汉翻译技巧[M].西安：西北工业大学出版社，2008.

[19]李和庆，黄皓.英语笔译：文化·修辞·文本[M].北京：北京大学出版社，2012.

[20]李克兴.法律翻译理论与实践[M].北京：北京大学出版社，2007.

[21]李克兴.广告翻译理论与实践[M].北京：北京大学出版社，2010.

[22]李庭芗.英语教学法[M].北京：高等教育出版社，1983.

[23]李哲鹏，张磊.英语实用文体翻译[M].郑州：河南人民出版社，2012.

[24]卢红梅.华夏文化与汉英翻译(第二部)[M].武汉：武汉大学出版社，2008.

[25]卢红梅.华夏文化与汉英翻译[M].武汉：武汉大学出版社，2006.

[26]路璐，周玉梅.医学英语特点及其翻译研究[J].西北医学教育，2013，(2).

[27]卢思源.新编实用翻译教程[M].南京：东南大学出版社，2008.

[28]罗新璋.翻译论集[M].北京：商务印书馆，1984.

[29]马祖毅.中国翻译简史[M].北京:中国对外翻译出版公司,1998.

[30]马祖毅.中国翻译史[M].武汉:湖北教育出版社,1999.

[31]彭萍.实用旅游英语翻译:英汉双向[M].北京:对外经济贸易大学出版社,2010.

[32]彭萍.实用商务文体翻译[M].北京:中央编译出版社,2008.

[33]汤静芳.商务英语翻译[M].北京:对外经济贸易大学出版社,2007.

[34]田传茂.大学科技英语[M].武汉:湖北科学技术出版社,2007.

[35]万慧洲.汉英构词法比较[M].北京:中国对外贸易出版社,1989.

[36]汪峰,丁丽军.实用英语翻译[M].北京:电子工业出版社,2005.

[37]王秉钦.20世纪中国翻译思想史[M].天津:南开大学出版社,2004.

[38]王春梅.简明英汉翻译实用教程[M].郑州:黄河水利出版社,2008.

[39]王大伟,魏清光.汉英翻译技巧教学与研究[M].北京:中国对外翻译出版公司,2005.

[40]王卫平,潘丽蓉.英语科技文献的语言特点与翻译[M].上海:上海交通大学出版社,2009.

[41]王武兴.英汉语言对比与翻译[M].北京:北京大学出版社,2009.

[42]王燕希.广告英语[M].北京:对外经济贸易大学出版社,2004.

[43]魏海波.实用英语翻译[M].武汉:武汉理工大学出版社,2009.

[44]武锐.翻译理论探索[M].南京:东南大学出版社,2010.

[45]夏廷德，马志波.实用新闻英语翻译：英汉双向[M].北京：对外经济贸易大学出版社，2010.

[46]谢屏，刘育文.实用英语翻译[M].长沙：湖南师范大学出版社，2009.

[47]杨丰宁.英汉语言比较与翻译[M].天津：天津大学出版社，2006.

[48]杨山青.实用文体英汉翻译[M].北京：国防工业出版社，2010.

[49]杨贤玉.英汉翻译概论[M].武汉：中国地质大学出版社，2010.

[50]苑春鸣，姜丽.商务英语翻译[M].北京：外语教学与研究出版社，2013.

[51]张春柏.英汉汉英翻译教程[M].北京：高等教育出版社，2003.

[52]张法连.法律英语翻译[M].济南：山东大学出版社，2009.

[53]张光明，陈葵阳，李雪红，黄世平.英语实用文体翻译[M].合肥：中国科学技术大学出版社，2009.

[54]张培基.英语翻译教程(修订本)[M].上海：上海外语教育出版社，2009.

[55]张清源，王鲜杰.英汉翻译理论与技巧[M].成都：成都科技大学出版社，1995.

[56]赵彦春.翻译类型问题的归结[J].天津外国语学院学报，2005，(3).

[57]钟书能.英汉翻译技巧[M].北京：对外经济贸易大学出版社，2010.

[58]周平，孟小宇.英语实用文体写作[M].合肥：中国科学技术大学出版社，2009.

[59]Baker，Mona. *In Other Words：A Coursebook on Translation* [M]. Beijing：Foreign Language Teaching and Research

Press,2002.

[60] Flotow, Luise Von. *Translation and Gender: Translating in the 'Era of Feminism'*[M].Manchester:St.Jerome Publishing,1997.

[61] Munday, Jeremy. *Introducing Translation Studies: Theories and Applications*[M].London:Routledge,2001.

[62]Newmark,P.*A Text Book of Translation* [M].Shanghai: Shanghai Foreign Language Education Press,2001.

[63]Nida, E. A. *Language, Culture, and Translation* [M]. Shanghai:Shanghai Foreign Language Education Press,1999.

[64]Nord,C.*Translating as a Purposeful Activity: Functionalist Approaches Explained* [M]. Shanghai: Shanghai Foreign Language Education Press,2001.

[65] Reiss, K. *Translation Criticism: The Potentials and Limitations*[M].Translated by Erroll F.Rhodes.Shanghai:Shanghai Foreign Language Education Press,2004.

[66]Toury,G.*Descriptive Translation Studies and Beyond*[M]. Shanghai:Shanghai Foreign Language Education Press,2001.

[67]Toury,G.*Descriptive Translation Studies and Beyond*[M]. Shanghai:Shanghai Foreign Language Education Press,2001.

[68]Venuti,Lawrence.*The Translator's Invisibility:A history of Translation* [M].London and New York:Routledge,1995.

[69] Wilss, W. *The Science of Translation: Problems and Methods* [M]. Shanghai: Shanghai Foreign Language Education Press,2001.

[70]Wilss, W. *The Science of Translation: Problems and Methods* [M]. Shanghai: Shanghai Foreign Language Education Press,2001.